C·H·Beck
PAPERBACK

Warum werden ausgerechnet Juden so gehasst? Ist Antisemitismus nur eine Form von Rassismus? War der Antisemitismus der ideologische Kern des Nationalsozialismus? Ist der Glaube an antisemitische Verschwörungsmythen ansteckend? Wie kann man Antisemitismus messen? Gibt es immer mehr Antisemitismus oder reden wir nur mehr darüber? Und warum möchte heute eigentlich niemand mehr Antisemit sein, auch die Antisemiten nicht? Antisemitismus ist beides – ein uralter Hass auf eine kleine Minderheit und ein brandaktuelles Phänomen unserer Zeit. In beide Dimensionen, in Geschichte und Gegenwart des Antisemitismus, sowie in seine Ursachen und Folgen wird in diesem Buch in 101 zum Nachdenken anregenden Fragen eingeführt. Der Ausgangspunkt ist dabei die Gegenwart, die heutige Bundesrepublik Deutschland, wenngleich der Blick selbstverständlich auch in die Geschichte zurück und über ihre Grenzen hinaus geht.

Markus Roth ist Wissenschaftlicher Mitarbeiter am Fritz Bauer Institut in Frankfurt am Main und forscht zu Geschichte und Wirkung des Holocaust. Bei C.H.Beck sind von ihm erschienen: (zus. mit Andrea Löw) «Das Warschauer Ghetto» (2013), «Ihr wisst, wollt es aber nicht wissen» (2015), «Die 101 wichtigsten Fragen: Holocaust» (2021).

Markus Roth

Die 101 wichtigsten Fragen:

Antisemitismus

C.H.Beck

Originalausgabe

www.chbeck.de
Umschlaggestaltung: nach einem Reihenkonzept von malsyteufel, Willich
Umschlagabbildung: Polizist vor der Neuen Synagoge Berlin,
© Christoph Soeder, picture alliance/dpa
Satz: Fotosatz Amann, Memmingen
Druck und Bindung: Druckerei C.H.Beck, Nördlingen
Printed in Germany
ISBN 978 3 406 80733 6

myclimate
klimaneutral produziert
www.chbeck.de/nachhaltig

Inhalt

Vorbemerkung

Der Begriff war neu, der Hass war es nicht. Was seit den 1870er Jahren «Antisemitismus» genannt wird, kam nicht erst mit dieser Wortneuschöpfung, die Antisemiten im Übrigen selbst ersonnen haben, in die Welt. Nahezu der gesamte Baukasten antijüdischer Stereotype und Topoi stand bereits seit Jahrhunderten parat. Hieraus bedienten sich Judenfeinde nach Belieben und passten sie je nach aktueller Zielrichtung und Situation an. Auch rassistische Komponenten gehörten lange vor der vermeintlichen Entstehung eines rassischen Antisemitismus in den 1870er Jahren dazu. Mit dem neuen Etikett «Antisemitismus» verschwand auch nicht das alte Gift des christlich begründeten Antijudaismus aus den Flaschen. Vielmehr blieb es eine wichtige Zutat in der toxischen Mixtur des modernen Judenhasses. Das ließ sich nicht zuletzt in den letzten Jahren immer wieder beobachten.

So beständig der Judenhass auch ist, so fluide ist sein Wesen. Die Journalistin Bari Weiss schreibt in ihrem Buch *Wie man Antisemitismus bekämpft* dazu: «Der Antisemitismus ist eine sich ständig wandelnde Weltanschauung, die sich in dem Moment verflüchtigt, in dem man glaubt, sie fest im Griff zu haben. Dadurch ist sie ihren Verfolgern immer ein paar Schritte voraus.» Diese Wandlungs- und Anpassungsfähigkeit ist eine der zentralen und zugleich fatalen Eigenschaften des Antisemitismus. Er hat eine jahrhundertelange Geschichte und ist ein universelles bzw. globales Phänomen, das in allen Gesellschaftsschichten und politischen Lagern sowie in fast jedem Winkel dieser Erde anzutreffen ist – unabhängig davon, ob überhaupt und wie viele Juden dort leben.

Antisemitismus ist beides – ein uralter Hass auf eine kleine Minderheit und ein brandaktuelles verbreitetes Phänomen unserer Zeit. Beide Dimensionen, Geschichte und Gegenwart des Antisemitismus, sollen hier zu ihrem Recht kommen, Ausgangspunkt und Schwerpunkt des Buches aber ist die Gegenwart, die heutige

Bundesrepublik Deutschland, wenngleich der Blick selbstverständlich auch über ihre Grenzen hinausgeht.

Antisemitismus ist Teil des Alltags in Deutschland. Hier hat, allen Sonntagsreden zum Trotz, Judenfeindschaft seit Jahrhunderten einen festen Platz in der Gesellschaft. Das gilt über die Bundesrepublik hinaus für alle europäischen Länder. Angesichts der langen Geschichte des Judenhasses in Europa ist das alles andere als verwunderlich. Solche tiefsitzenden tradierten Aversionen, die in den Kirchen und in den Schulen, in den Vereinen und zu Hause und an vielen weiteren Orten gepflegt und über Generationen hinweg weitergegeben wurden, lassen sich nicht über Nacht abschütteln oder gar durch ein paar Stunden Geschichtsunterricht überwinden. Das ist ein langer Prozess, in dem wir noch mittendrin stecken und der die gesamte Gesellschaft angeht, nicht allein Jüdinnen und Juden.

Dass dieser Prozess schmerzhaft ist und keine Geschichte eines stetigen Fortschritts, ist offenkundig. Bereits einem oberflächlichen Blick in die sogenannten sozialen Medien offenbaren sich Abgründe der Niedertracht und des Hasses. Das Diskursklima scheint nachhaltig vergiftet, dominiert von effekthascherischen Provokationen, plumpem Hass oder auch reflexhaften und pauschalen Antisemitismusvorwürfen. Mitunter sind es die immer gleichen Akteurinnen und Akteure, die sich routiniert verunglimpfen und einander das immer gleiche Etikett aufkleben. In einem solchen scharfen Kampf um die Meinungsvorherrschaft gerät die Auseinandersetzung um die Sache oft in den Hintergrund, wenn sie denn überhaupt im weiteren Fortgang des Streits noch eine Rolle spielt. Zu glauben, ein Buch wie dieses könnte dies grundlegend und nachhaltig ändern, wäre weit mehr als nur naiv. Vielleicht aber können die 101 Fragen und Antworten abseits fast schon ritualisierter Grabenkämpfe wenigstens ein Ausgangspunkt für eine weitere und tiefergehende Beschäftigung mit Antisemitismus sein – mit seiner Geschichte und Gegenwart, seinen Ursachen und Folgen sowie vielen weiteren Facetten. Das jedenfalls ist meine Hoffnung.

Definitionen, Begriffe, Grundfragen

1. Was genau ist Antisemitismus eigentlich? Wie Antisemitismus genau zu definieren ist, ist eine Kardinalfrage. Eine allgemeingültige, weithin akzeptierte Definition gibt es letztlich nicht. Viele Erklärungsversuche bleiben – womöglich notwendigerweise – im Ungefähren. Angesichts der mehrere Jahrtausende alten Geschichte und der vielfältigen Ausdrucksformen des Judenhasses überrascht es kaum, dass eine griffige, kurze und zufriedenstellende Definition Probleme bereitet. Die International Holocaust Remembrance Alliance (IHRA), eine 1998 noch unter anderem Namen gegründete zwischenstaatliche Organisation mit inzwischen 34 Mitgliedsländern, hat 2016 eine Arbeitsdefinition von Antisemitismus in der Hoffnung verabschiedet, dem Abhilfe zu schaffen. Sie lautet: «Antisemitismus ist eine bestimmte Wahrnehmung von Jüdinnen und Juden, die sich als Hass gegenüber Jüdinnen und Juden ausdrücken kann. Der Antisemitismus richtet sich in Wort oder Tat gegen jüdische oder nichtjüdische Einzelpersonen und/oder deren Eigentum sowie gegen jüdische Gemeindeinstitutionen oder religiöse Einrichtungen.» Sie wurde von zahlreichen Staaten und Organisationen ihrer Arbeit zugrunde gelegt. In Reaktion darauf haben einige Wissenschaftlerinnen und Wissenschaftler in der sogenannten Jerusalemer Erklärung einen anderen Definitionsversuch unternommen (siehe Frage 9).

Oberflächlich betrachtet, scheint die Angelegenheit also einfach. Demnach wäre Antisemitismus ein bestimmtes Judenbild, das sich in hasserfüllten Manifestationen offenbaren kann. Diese Art Minimalkonsens hat leider wenig Aussagekraft und bedarf einiger Erweiterungen und Präzisierungen. Antisemitismus ist, das wird bei der Begriffsbestimmung häufig betont, nicht vom konkreten Verhalten von Jüdinnen und Juden abhängig, sondern ist eine Projektion eigener Vorurteile auf Juden. Manche Autorinnen und Autoren sehen in Antisemitismus mehr als bloße Vorurteile. Es sei gerade seine Besonderheit, dass er aus diesen Vorurteilen eine ganz Weltanschauung konstruiere, in der Juden eine ganze Reihe ihnen angeborener negativer Eigenschaften in sich vereinen und als Ursache vieler Übel der Welt erscheinen. Der Kanon der vermeintlichen negativen Merkmale von Juden verfügt dabei über einen festen Kernbestand, ist aber jederzeit flexibel erweiterungsfähig. Dies gilt ebenso für die Missstände, für die Juden verantwortlich gemacht werden. Dies kann eine aktuelle Wirtschaftskrise sein, eine Pandemie, die vermeintliche Benachteiligung der eigenen Nation und vieles andere mehr. Der Antisemitismus besitze, so der Historiker Peter Longerich, «eine chamäleonhafte Wandlungsfähigkeit». So kann er immer wieder aktualisiert und modernisiert werden, basierend auf einem stabilen Fundament jahrhundertelang tradierter Vorurteile. Das ist einer der wesentlichen Gründe für die lange und recht ungebrochene Erfolgsgeschichte des Antisemitismus.

Um das Phänomen Antisemitismus weniger allgemein zu erklären und um seine Bandbreite deutlich zu machen, werden vielfach verschiedene Formen unterschieden, die noch weiter ausdifferenziert werden können: rassistischer, sekundärer oder postnazistischer, antizionistischer oder israelbezogener Antisemitismus. Der rassische bzw. rassistische Antisemitismus ist gewissermaßen eine Urform des Antisemitismus, die im 19. Jahrhundert entstanden ist und im Zuge von deren Entwicklung auch der Begriff Antisemitismus ersonnen wurde. Dieser Form liegt die Idee zugrunde, dass Juden eine eigene Rasse bilden und über biologisch fest verankerte negative Eigenschaften verfügen. Weder eine Taufe noch andere Assimilationsbemühungen bieten hier einen Ausweg. Dieser Form von Antisemitismus wohnt im Kern von Anfang an eine mörderische Komponente inne. Sie wird mit Blick auf die Nationalsozialisten und den Holocaust mitunter auch als Erlösungsantisemitismus oder eliminatorischer Antisemitismus bezeichnet.

Der sekundäre oder postnazistische Antisemitismus, von manchen auch Schuldabwehr- oder Post-Holocaust-Antisemitismus genannt, ist besonders in Deutschland weiter verbreitet. Es ist gewissermaßen der Versuch, den Antisemitismus vom Makel des

Massenmords an den Juden zu befreien, um ihn weiterhin salonfähig zu halten. Klassische Ausdrucksformen sind eine Täter-Opfer-Umkehr, Juden wird also eine (Mit-)Schuld am Holocaust zugeschrieben, außerdem würden sie aus dem Holocaust Profit schlagen und Deutschland deswegen erpressen. Die Leugnung des Holocaust ist die extremste, aber immer noch anzutreffende Ausprägung dieser Form von Antisemitismus (siehe Frage 8).

Antizionistischer Antisemitismus ist die heute wohl umstrittenste und am meisten diskutierte Form, die häufig auch als «Israelkritik» oder als israelbezogener Antisemitismus bezeichnet wird. Diese Form kann sich hinter manchen vermeintlich nur kritischen Kommentaren zur Politik der israelischen Regierung verbergen (siehe Frage 31).

2. Warum werden ausgerechnet Juden so gehasst? Warum sich der Hass gegen die Juden richtete und richtet, ist die Kernfrage, die sich einer befriedigenden Beantwortung beharrlich zu entziehen scheint. «Etwas zu erklären, das in sich irrational, wahnhaft und absurd ist», darauf hat die amerikanische Holocaust-Forscherin Deborah Lipstadt hingewiesen, ist «unglaublich schwer, wenn nicht gar unmöglich». Sie sieht gerade darin den Wesenskern aller Verschwörungsmythen und damit auch des Antisemitismus. Warum ausgerechnet die Juden so gehasst werden, können wahrscheinlich nicht einmal Antisemiten erklären – es sei denn, sie bemühen ihre sattsam bekannten Versatzstücke des Judenhasses. «Hass braucht keinen Grund», meint Eliyah Havemann mit Blick auf den Antisemitismus und lehnt eine Antwort auf diese Frage daher grundsätzlich ab. Und dennoch kann und sollte man versuchen, zumindest Ansätze für eine Erklärung zu finden.

Sieht man die Wurzeln des heutigen Antisemitismus, vor allem in Europa, aber auch anderswo, im Christentum, wofür vieles spricht, erscheint es bereits weniger rätselhaft, warum der Hass Juden und nicht etwa Perser traf und trifft. Das Christentum entstand aus dem Judentum heraus, und die Christen mussten daher gegenüber den Juden besonders um Abgrenzung bemüht sein. Hinzu kommt, und das scheint ausschlaggebend, dass Juden die zentrale Säule des Christentums negierten: Jesus von Nazareth sei als Gottes Sohn der im Alten Testament prophezeite Messias, der durch seinen Kreuzestod und die Wiederauferstehung den Tod überwunden und ein ewiges Leben verheißen habe. Es setzten sich in der Folge antijüdische Lesarten biblischer Überlieferungen durch bzw. sie wurden nach Ansicht einiger Forscher den Texten des Neuen Testaments selbst schon eingeschrieben. So entstand der Vorwurf des Gottesmords gegen die Juden und in seiner Folge ein ganzes Arsenal religiös hergeleiteter und begründeter antisemitischer Legenden, die über die Jahrhunderte in den christlich geprägten Gesellschaften verfestigt und tradiert wurden. Sie sind bis heute wirkmächtig, auch wenn die Bindekräfte der christlichen Religion in vielen Ländern erheblich nachgelassen haben.

Andere Erklärungsansätze sehen in Ergänzung zu den christlichen Wurzeln Entwicklungen im Kontext der Emanzipation der Juden als ausschlaggebend für die Herausbildung des modernen Antisemitismus an, der schließlich in den Holocaust mündete. Der Holocaustforscher Götz Aly hat dies in seinem Buch *Warum die Deutschen? Warum die Juden?* auf den Punkt gebracht. Demzufolge wussten viele Juden in Deutschland die im Laufe des 19. Jahrhunderts neu gewonnenen Möglichkeiten erfolgreich für sich zu nutzen, unter anderem weil sie ein höheres Bildungsniveau aufwiesen und Bildung unter ihnen generell einen höheren Stellenwert hatte. Dies führte, grob zusammengefasst, zu Neid und Missgunst der christlichen Deutschen, wozu mit der Zeit Habgier kam. All dies steigerte den Judenhass. Der niederen Beweggründe, die sie dabei antrieben, seien sich die Deutschen bewusst gewesen; genau das, so Aly, habe sie für die Rassentheorie anfällig gemacht, denn sie habe simplem Hass das Mäntelchen des Rationalen umgelegt und gesetzliche Maßnahmen begründet. «Auf diese Weise», schreibt Aly, «delegierten Millionen Deutsche ihre verschämten, aus Minderwertigkeitsgefühlen herrührenden Aggressionen an den Staat. So konnten staatliche Akteure jeden Einzelnen entlasten und individuelle Bosheit in die überpersönliche Notwendigkeit zur ‹Endlösung der Judenfrage› verwandeln.»

Eine weitere mögliche Erklärung sieht Marina Weisband in dem Umstand, dass Juden über den gesamten Globus verteilt in vielen Gesellschaften leben, sie daher in gewisser Weise als Fremde wahrgenommen wurden und werden, ohne als solche umstandslos erkennbar zu sein. Dies mache sie in den Augen etlicher Nichtjuden irgendwie verdächtig. Unter anderem deswegen zwang man sie bereits im Mittelalter zum Tragen bestimmter Kennzeichen wie einem gelben Hut. In engem Zusammenhang damit stehen die Vorstellungen einer vermeintlichen jüdischen Weltverschwörung, die Juden aus der Deckung heraus, gleichsam getarnt umsetzen wollten.

3. Ist Antisemitismus nur ein neuer Begriff für ein altes Vorurteil? Die Erfindung des Begriffes Antisemitismus wird meist dem Journalisten Wilhelm Marr (1819–1904) zugeschrieben und auf das Jahr 1879 datiert. Der Begriff sollte dem Judenhass einen wissenschaftlichen Anstrich geben. Er steht für eine entscheidende Entwicklung in der Geschichte des Judenhasses, die nicht erst mit diesem Begriff begann.

Seit Ende des 18. Jahrhunderts, parallel zur Emanzipation der Juden, fand ein Übergang von einem christlich motivierten Antijudaismus, der in erster Linie religiös begründet war, zu einem Antisemitismus statt, der sich von der Religion freimachte und Jüdinnen und Juden unveränderliche negative Wesensmerkmale zuschrieb. Mit dem Aufkommen des Antisemitismus, der erst Jahrzehnte später diese Bezeichnung bekam, hörte der Antijudaismus nicht auf zu existieren. Zentrale Topoi des christlichen Judenhasses gingen im Antisemitismus auf. Zudem bestanden und bestehen beide Spielarten des Hasses auf Juden bis heute nebeneinander und durchdringen sich teilweise.

Der Übergang vom Antijudaismus – oder präziser gesagt: seine Weiterentwicklung – zum Antisemitismus war eine Reaktion auf die sich verändernde Stellung der Juden in der Gesellschaft. Kurz gesagt, war es ein neuer Begriff für eine neue Situation. Aufklärung und Judenemanzipation entzogen der alten christlichen Ständegesellschaft das Fundament. Parallel zu der aus Sicht der Judenhasser nun drohenden Gleichberechtigung und Integration der Juden vollzogen sich tiefgreifende politische, wirtschaftliche und soziale Umwälzungen wie die Industrialisierung, Säkularisierung, Liberalisierung und andere mehr, die erhebliche Verunsicherungen, Abstiegsängste und Abwehrreflexe auslösten. Diese richteten sich gegen diese negativ gesehenen Modernisierungsentwicklungen, für die man den Juden die Verantwortung zuschrieb. In den Juden sah man die Hauptprofiteure dieser Entwicklungen, da sie auf vielen Feldern die ihnen nach und nach eingeräumten Rechte erfolgreich zu nutzen wussten. Der populäre antisemitische Journalist Otto Glagau (1834–1892) propagierte dies zum Beispiel in weit verbreiteten Zeitschriften wie der *Gartenlaube*: «Nicht länger dürfen wir's dulden, dass die Juden sich überall in den Vordergrund an die Spitze drängen, über die Führung, das große Wort an sich reißen. Sie schieben uns Christen stets bei Seite, sie drücken uns an die Wand, sie benehmen uns die Luft und den Athem.»

Im deutschen Kaiserreich erhielt der Antisemitismus schließlich eine starke rassistische Prägung. Juden wurden von einflussreichen Wortführern des Antisemitismus als eine Rasse definiert, in deren Natur es liege, das Verderben anderer Rassen zu bewirken. Dieser Rassenantisemitismus, den beispielsweise der Philosoph und Nationalökonom Eugen Dühring (1833–1921) maßgeblich propagierte, war ein wichtiger Wegbereiter für die Nationalsozialisten und schließlich die Ermordung der europäischen Juden.

4. Tragen Juden eine Mitschuld am Antisemitismus? Nein! Dem Opfer die Schuld zu geben, ist ein allgemein verbreitetes Phänomen, auch abseits des Antisemitismus. So wurde und wird Frauen, die Opfer einer Vergewaltigung wurden, immer wieder vorgeworfen, in irgendeiner Weise den Täter zu seiner Tat provoziert zu haben. Auch Geschichtsrevisionisten haben sich gerne dieser Methode bedient, indem beispielsweise versucht wurde, den deutschen Überfall auf Polen 1939 als Reaktion auf tatsächliche oder vermeintliche Diskriminierungen und Verbrechen gegen die deutsche Minderheit in Polen umzudeuten. Dieses klassische Muster einer Täter-Opfer-Umkehr wird auch in Bezug auf die Judenfeindschaft immer wieder bemüht, wenn es etwa allgemein heißt, Jüdinnen und Juden müssten mehr Zurückhaltung üben, da sie sonst Antisemitismus geradezu heraufbeschwören würden.

In der Geschichte der Bundesrepublik finden sich etliche Beispiele dafür. Eine dieser «Reizfiguren» war Heinz Galinski (1912–1992), der das Konzentrations- und Vernichtungslager Auschwitz überlebt hatte. Von 1949 bis zu seinem Tod 1992 war er Vorsitzender der Berliner Jüdischen Gemeinde. Deutschlandweit bekannt wurde er ab 1988 als Vorsitzender bzw. Präsident des Zentralrats der Juden in Deutschland. Als solcher war er ein stets vernehmbarer kritischer Mahner gegen Antisemitismus und Geschichtsrevisionismus und für eine kritische Aufarbeitung der NS-Verbrechen. Galinski war deswegen vielen Anfeindungen bis hin zu Anschlagsversuchen auf sein Leben ausgesetzt. Einem Paketbombenattentat entging er 1975 unverletzt. Auch nach seinem Tod blieb er eine Hassfigur für Neonazis, Rechtsextreme und Antisemiten. Durch zwei Sprengstoffanschläge wurde sein Grab auf dem jüdischen Friedhof Heerstraße in Berlin 1998 zerstört. Ein besonders perfides Beispiel für Angriffe gegen Galinski nach dem Muster einer Täter-Opfer-Umkehr lieferte Anfang Dezember 1989 Franz Schönhuber (1923–2005), bekennendes ehemaliges Mitglied der Waffen-SS, langjähriger Journalist beim Bayerischen Rundfunk und damaliger Bundesvorsitzender der rechtsradikalen Partei Die Republikaner. Er sagte: «Aber, und ich sage das in aller Deutlichkeit. Ich mag diesen Herrn Galinski nicht mögen müssen (Beifall). Ich habe etwas gegen die täglich praktizierte Demütigung unseres Volkes. Ich halte sie für nicht länger hinnehmbar. Ein Herr Galinski ist möglicherweise mitschuldig an einem erneuten Aufkommen des von uns so deutlich abgelehnten Antisemitismus.» Auch wohlmeinenderen Kritikern entgegnete Galinski: «Ich habe Auschwitz nicht überlebt, um zu neuem Unrecht zu schweigen.»

5. Wen genau hassen Antisemiten? Die Antwort auf diese Frage scheint ganz einfach: Juden natürlich. Schaut man genauer hin, wird die Sache etwas komplizierter. Die Antisemiten selbst wussten mitunter gar nicht so genau, wen sie denn nun eigentlich ablehnen. Nicht wenige werden sich darüber auch gar keine Gedanken gemacht haben; sie begnügten sich mit der abstrakten und pauschalen Gruppenbezeichnung «die Juden». Solange die Judenfeindschaft nur als Idee, als Gedanke eine Rolle spielt, solange sie nur als Hassgefühl Ausdruck findet, bestand und besteht für Antisemiten auch kein zwingender Grund, sich näher mit dieser Frage zu beschäftigen. Auch Radauantisemiten, die auf Hetze und Gewalt gegen Juden aus sind, fragen nicht nach religiöser Zugehörigkeit oder Abstammung, sondern schlagen blindwütig gegen alle zu, die ihnen in dem Moment jüdisch scheinen. Spätestens jedoch in dem Moment, in dem Antisemitismus handlungsleitend in Vereinen, in der Kirche, in der Verwaltung, in Unternehmen und für die Politik wird, bedarf es einer Antwort, wer genau von dieser oder jener Entscheidung und Maßnahme, von einem Gesetz betroffen sein soll. Dann muss ein Antisemit definieren, wer seiner Meinung nach als jüdisch gelten soll und wer nicht.

Vor diesem Problem standen beispielsweise die Nationalsozialisten, nachdem sie im Januar 1933 die Regierungsgewalt erlangt hatten und bald schon erste antisemitische Gesetze erließen. Im April 1933 schlossen sie per Gesetz Juden aus dem Staatsdienst aus, was unweigerlich nach sich zog, bestimmen zu müssen, wer genau denn unter dieses Gesetz fiel. Als Jude oder Jüdin sollte gelten, wer ein Eltern- oder Großelternteil hatte, das der jüdischen Religion angehörte. Später versuchten sich die Nationalsozialisten an Präzisierungen dieser Regelung. In anderen Ländern erfolgte die Zuordnung mitunter über die Religionszugehörigkeit oder über die Sprache.

6. Ist Antisemitismus nur eine Form von Rassismus? Antisemitismus geht über Rassismus hinaus und nicht darin auf. Das Verhältnis von Rassismus und Antisemitismus erhitzt immer wieder die Gemüter. Vor allem im englischsprachigen Raum, zunehmend aber auch in Deutschland, wird darüber diskutiert, ob Jüdinnen und Juden im Diskurs über Diskriminierung als privilegiert anzusehen oder Diskriminierungsopfern zuzuzählen sind. Diese identitätspolitisch aufgeladene Frage hat weitreichende Konsequenzen. Der britische Comedian und Autor David Baddiel führt in seinem Buch *Und die Juden?* (engl. Original *Jews don't count*, Juden zählen nicht) zahlreiche Beispiele an, die zeigen, dass Juden im progressiven antirassistischen und linken Milieu eher als privilegierte Weiße angesehen werden denn als Opfer von Diskriminierung. Würden Witze über Minderheiten wie Homosexuelle und andere verurteilt, würden judenfeindliche Witze vielfach nicht als problematisch angesehen. Diese Sichtweise übersieht zudem, dass Juden schwerlich pauschal als Weiße gelten können. Man denke nur an äthiopische Juden oder die sogenannten arabisch-jüdischen Mizrahim – Juden, die aus arabischen Ländern stammen.

Den Antisemitismus nun andererseits als Rassismus zu sehen, schafft jedoch neue Probleme. Damit verdeckt man den besonderen Charakter von Antisemitismus. Während andere Minderheiten von Rassisten durchgängig abgewertet werden als schmutzig, verlogen, diebisch, lüstern, pervers und anderes mehr, werden Juden zugleich auch als privilegiert, reich und mächtig beschrieben und aus diesen Gründen gehasst und bekämpft. Antisemitismus stereotypisiert im Unterschied zu allen anderen Formen des Rassismus seine Opfer gewissermaßen doppelt und in zwei verschiedene Richtungen. So sahen und sehen Judenhasser keinen Widerspruch darin, Juden einerseits als «Untermenschen» zu verachten, die den Kommunismus bzw. Bolschewismus über die Welt gebracht haben, andererseits von einer jüdischen Weltverschwörung und einem mächtigen internationalen «Finanzjudentum» zu fantasieren.

7. Wie viel hat Antisemitismus mit Religion zu tun? Der Hass gegen Juden hat seinen Ursprung wesentlich in der christlichen Religion, die über viele Jahrhunderte die prägende Kraft des Antijudaismus war (siehe Frage 61 und 62). Die Abgrenzung vom Judentum verfestigte sich in Teilen zu einem religiös motivierten Hass, der sich bis heute als überaus anpassungs- und wandlungsfähig erwiesen hat. Zahlreiche antijüdische Stereotype und Kernelemente des späteren Antisemitismus haben ihren Ursprung in der christlichen Religion und religiösen Praxis, beispielsweise die Vorwürfe des Gottesmords und des Hostienfrevels (siehe Frage 40) oder die zahlreichen Ritualmordlegenden (siehe Frage 41). Überdies war die Kirche – seit der Reformation sowohl die Katholische als auch die Evangelische Kirche, später auch die Orthodoxe – bis ins 20. Jahrhundert hinein der zentrale gesellschaftliche und politische Akteur, der die Judenfeindschaft etablierte, systematisierte und tradierte.

Die Motive und Stereotype des religiös bzw. christlich begründeten Antisemitismus sind bis heute wirkmächtig, obwohl die Kirchen im Zuge einer fortschreitenden Säkularisierung stetig an Einfluss und Bedeutung verloren haben. Zum einen bestehen auch heute noch fundamentalistische Ausprägungen des Christentums, die in einigen Ländern und Regionen durchaus einflussreich sind. Zum anderen leben einige zentrale Elemente des christlichen Antijudaismus wie beispielsweise der Topos des Bluts und der Blutschuld in einer gewissermaßen säkularisierten Form fort. Dies zeigte sich jüngst während der Coronapandemie, in der zahlreiche antisemitische Verschwörungsmythen kursierten, denen zufolge eine von Juden gesteuerte dunkle Macht für wechselnde obskure Zwecke an das Blut von Kindern kommen wolle. Zuvor war dies bereits in der seit 2017 in den USA aktiven sogenannten QAnon-Bewegung aufgekommen, die die Existenz eines «tiefen Staates» (deep state) behauptete, in dem eine dunkle, geheime Elite die Fäden zöge und überdies satanistischen und pädophilen Handlungen fröne. Dies wurde häufig antisemitisch unter anderem dadurch aufgeladen, dass man George Soros (geb. 1930) eine führende Rolle zuschrieb (siehe Frage 58). Erhebliche Verbreitung fanden Inhalte der QAnon-Bewegung durch den ehemaligen Präsidenten Donald Trump (geb. 1946), der immer wieder Tweets aus der Bewegung teilte.

8. Ist sekundärer Antisemitismus zweitrangig? Nach dem Holocaust war Antisemitismus in Deutschland offiziell verpönt. Es kam zu der merkwürdigen Situation, dass niemand Antisemit sein wollte, obwohl Judenfeindschaft weiterhin verbreitet war, wie bereits Umfragen der US-amerikanischen Besatzungskräfte in den ersten Nachkriegsjahren auswiesen. Sich offen antisemitisch zu zeigen, war mit einem Tabu belegt. Gerade erst hatte sich der Welt in vielen schrecklichen Details gezeigt, wohin ungebremster Judenhass führen kann. Der Holocaust, so schien es, stand und steht einem offenen Bekenntnis zum Antisemitismus im Wege. Der sogenannte sekundäre Antisemitismus ist eine Reaktion darauf, gewissermaßen eine Anpassung des Stereotyps an die neuen Gegebenheiten. Die Verfechter der Judenfeindschaft haben sich schon zu allen Zeiten sehr flexibel auf die jeweiligen Umstände eingestellt und ihren Antisemitismus an veränderte Rahmenbedingungen angepasst. Das ist einer der Gründe für seine recht ungebrochene lange Erfolgsgeschichte.

Da nach dem Ende der NS-Diktatur eine direkte Feindschaft gegen Jüdinnen und Juden gesellschaftlich geächtet und tabuisiert war, mussten neue Ausdrucksformen gefunden werden. Daher wendeten Antisemiten ihre Aufmerksamkeit auf den Holocaust und die Aufarbeitung der nationalsozialistischen Verbrechen. Wollte man den eigenen Antisemitismus retten und in irgendeiner Form rehabilitieren, musste man die NS-Verbrechen kleinreden oder sie aus dem kollektiven Gedächtnis verbannen. Sekundärer Antisemitismus, der auch als postnazistischer, Post-Holocaust- oder Schuldabwehr-Antisemitismus bezeichnet wird, kann sich in der pauschalen Leugnung des Holocaust oder in seiner Relativierung äußern, indem beispielsweise auf vermeintlich größere Massenverbrechen verwiesen wird. Eine andere Ausdrucksform ist die sogenannte Täter-Opfer-Umkehr, die den Juden zum Beispiel mit Verweis auf eine angebliche Kriegserklärung des Jüdischen Weltkongresses selbst die Schuld an ihrer Verfolgung zuschreibt. Solche recht plumpen Geschichtslügen werden zunehmend durch geschicktere Formen der Relativierung ersetzt, die durch eine Überbetonung der Rolle von Kollaborateuren beim nationalsozialistischen Judenmord die deutsche Initiative und Verantwortung einebnen wollen oder die die Erinnerung an die NS-Verbrechen als «Schuldkult» verunglimpfen und deren Ende fordern. Auch der Vorwurf, Juden würden den Holocaust zur Erpressung «der Deutschen» nutzen und Profit in Form von Wiedergutmachungszahlungen daraus ziehen, gehört zu den Erscheinungsweisen eines sekundären Antisemitismus (siehe Frage 57). Sekundärer Antisemitismus war über Jahrzehnte die in Deutschland dominante Form des Judenhasses und damit alles andere als zweitrangig. Bis heute spielt er, das zeigen einschlägige Äußerungen rechtsextremer Politiker unter anderem aus den Reihen der Alternative für Deutschland (AfD) immer wieder (siehe Frage 17), eine bedeutende Rolle.

9. Was ist die Jerusalemer Erklärung? In Reaktion auf die Antisemitismus-Definition der International Holocaust Remembrance Alliance (IHRA), die inzwischen zahlreiche Staaten – darunter auch die Bundesrepublik Deutschland – und Organisationen als ihre Arbeitsgrundlage anerkannt haben, hat eine Gruppe Wissenschaftlerinnen und Wissenschaftler eine Neudefinition des Antisemitismusbegriffes initiiert, die im März 2021 schließlich abgeschlossen, veröffentlicht und von über 200 Akademikerinnen und Akademikern unterzeichnet wurde. Zu ihnen gehören unter anderen bekannte deutsche und internationale Antisemitismus- und Holocaustforscherinnen und -forscher wie Omer Bartov, Wolfgang Benz, Doris Bergen, Werner Bergmann, Amos Goldberg, Atina Grossmann, Mark Roseman, Peter Schäfer und Stefanie Schüler-Springorum.

Die Initiatorinnen und Unterstützer der Jerusalemer Erklärung sehen die IHRA-Definition in wesentlichen Punkten als unklar und «für unterschiedlichste Interpretationen offen» an. Sie habe Irritationen und Konflikte ausgelöst, «die den Kampf gegen Antisemitismus geschwächt haben». So fasse die IHRA-Definition Antisemitismus zum Beispiel sehr allgemein und fast schon tautologisch als «eine bestimmte Wahrnehmung von Jüdinnen und Juden, die sich als Hass gegenüber Jüdinnen und Juden ausdrücken kann».

Insbesondere monierte man, dass die IHRA sieben von elf genannten Beispielen für Antisemitismus auf den Staat Israel bezog und daher unausgewogen sei. Gleichwohl unterstrich die Jerusalemer Initiative die große Notwendigkeit, in diesem Bereich für Klarheit zu sorgen. Man wolle eine klare Kerndefinition von Antisemitismus vorlegen und zugleich einen offenen Diskursraum über «die umstrittene Frage der Zukunft Israels/Palästinas» wahren. Im Kern sei Antisemitismus «Diskriminierung, Vorurteil, Feindseligkeit oder Gewalt gegen Jüdinnen und Juden als Jüdinnen und Juden (oder jüdische Einrichtungen als jüdische)».

In 15 Leitlinien wurde die Position dargelegt. Rassismus im Allgemeinen und Antisemitismus im Besonderen liege zugrunde, dass einer bestimmten Bevölkerung bestimmte Charaktereigenschaften als angeboren oder negative Verallgemeinerungen zugeschrieben würden. Spezifisch für klassischen Antisemitismus, so präzisierte die Erklärung, sei «die Vorstellung, Jüd:innen seien mit den Mächten des Bösen verbunden», was im Zentrum zahlreicher antijüdischer Vorstellungen stehe (Kontrolle von Regierungen oder den Medien durch Juden, Verantwortung für die Verbreitung von Krankheiten etc.). Des Weiteren führte die Erklärung Beispiele für Manifestationen und Codierungen des Antisemitismus an und stellte klar, dass die Leugnung oder Verharmlosung des Holocaust antisemitisch sei.

In einem weiteren Abschnitt führten die Verfasserinnen und

Verfasser Beispiele an, die auf Israel und Palästina bezogen sind und per se antisemitisch seien, wie beispielsweise Jüdinnen und Juden kollektiv für das Verhalten Israels verantwortlich zu machen, von ihnen zu verlangen, sich von diesem zu distanzieren, oder ihnen eine größere Loyalität zu Israel als zum jeweiligen eigenen Land zu unterstellen.

Der letzte Abschnitt nennt und erläutert Beispiele auf Israel oder Palästina bezogen, die nicht grundsätzlich antisemitisch seien – «unabhängig, ob man die Ansicht oder Handlung gutheißt oder nicht». Dazu zählt die Initiative die Kritik oder Ablehnung des Zionismus, eine sachliche Kritik an Israel, die Unterstützung von Forderungen der Palästinenser nach Gerechtigkeit und völkerrechtlich verbrieften Rechten sowie «Boykott, Desinvestition und Sanktionen» (BDS), in denen man «gängige, gewaltfreie Formen des politischen Protests gegen Staaten» sieht, die, bezogen auf Israel, «nicht per se antisemitisch» seien.

Die Erklärung wurde kontrovers aufgenommen. Kritiker warfen den Verfassern und Verfasserinnen vor, Antisemitismus als Rassismus misszuverstehen, oder verurteilten, dass die BDS-Bewegung in der Erklärung als «nicht per se antisemitisch» eingestuft wird. Von wissenschaftlicher Seite wurde die Kritik geäußert, die Erklärung bringe Antisemitismus als Verschwörungsmythos zum Verschwinden, da ihr ein überholtes Verständnis von Antisemitismus als Vorurteil zugrunde liege. Manche Kritik arbeitete dabei mit polemischen Unterstellungen, die keine Entsprechung im Text der Erklärung finden, und unterstellte den Unterzeichnerinnen und Unterzeichnern pauschal, sie wollten Antisemitismus verharmlosen.

10. Hat Antisemitismus in Krisenzeiten Hochkonjunktur? Gesellschaftliche Krisen sind ein wichtiger Nährboden für Hass, Vorurteile sowie Gewalt gegen Minderheiten und Schwache. Es hat eine lange und unselige Tradition, dass sich dies in Europa, aber nicht nur dort, oft auch oder vorwiegend gegen Jüdinnen und Juden richtet. Die Krisen, die den Hass auf Juden befeuern, können Wirtschaftskrisen, Kriegs- oder Bürgerkriegszustände, Pandemien und vieles andere mehr sein. Für nahezu jede Art von gesellschaftlicher Krise und damit verbundener antijüdischer Gewalt und Hetze lassen sich etliche Beispiele in der Geschichte finden.

Die Pest im 14. Jahrhundert führte in Mitteleuropa zu einem stark wachsenden Hass auf Juden. Ihnen wurde angelastet, für die Seuche verantwortlich zu sein; sie hätten die Brunnen vergiftet. Die Anschuldigungen entluden sich vielerorts in Gewalt und Verfolgung (siehe Frage 65). Dies ist ein frühes Beispiel dafür, dass der Judenhass im Mittelalter und der Frühen Neuzeit nicht nur religiös motiviert war und begründet wurde.

Eine Mischung aus wirtschaftlichen Abstiegsängsten und einer Verunsicherung durch den Verlust von politischer Eigenständigkeit löste im Sommer 1819 in Würzburg mit den sogenannten Hepp-Hepp-Krawallen eine Serie von Pogromen aus, die innerhalb weniger Wochen ganz Zentraleuropa umspannte (siehe Frage 70). Einige Jahrzehnte später nutzten deutsche Antisemiten in den 1870er Jahren die erste große Wirtschaftskrise des Kaiserreichs zur Verbreitung des Hasses auf die Juden. Dieses Zusammenspiel von Krise und judenfeindlicher Agitation war ein wesentlicher Faktor für die Popularisierung des rassischen Antisemitismus.

In der Endphase des Ersten Weltkriegs sowie in den Jahren unmittelbar danach war Mittel- und Osteuropa Schauplatz einer Vielzahl von Pogromen gegen die örtliche jüdische Bevölkerung. Diese antijüdische Gewalt entlud sich im Kontext der Oktoberrevolution und des anschließenden Bürgerkriegs in Russland sowie im Zusammenhang mit dem polnisch-russischen Krieg, der bis Anfang der 1920er Jahre andauerte. Immer wieder wurden Jüdinnen und Juden Opfer von Pogromen unterschiedlicher Gruppierungen und Armeen. Man machte sie unter anderem für die russische Revolution verantwortlich, bezichtigte sie des Verrats und anderes mehr.

Die Finanzkrise 2008 und jüngst die Coronapandemie haben deutlich gezeigt, dass wirtschaftliche und gesellschaftliche Krisen auch heute noch den Hass auf Juden wesentlich befeuern und mitunter zu Gewalt führen. Auf zahlreichen Demonstrationen von Coronaleugnern und Impfgegnern wurde Antisemitismus offen propagiert – sei es durch Relativierungen des Holocaust in Form von «Judensternen» mit der Aufschrift «Ungeimpft» (siehe Frage 22) oder durch antisemitische Codes und Verschwörungserzählungen (siehe Frage 49).

11. Warum möchte niemand Antisemit sein? Lange Zeit hindurch hatten die wenigsten Menschen ein Problem damit, als Antisemit bezeichnet zu werden oder gar sich selbst als solchen zu bezeichnen. Warum auch, denn Judenfeindschaft war bis ins 20. Jahrhundert hinein gang und gäbe. Die Wortneuschöpfung Antisemitismus, die sich ab den 1870er Jahren durchsetzte, sollte der Judenfeindschaft einen wissenschaftlichen Klang verleihen und sie noch gesellschaftsfähiger machen. Im Kaiserreich gab es mehrere Organisationen, die den Antisemitismus sogar im Namen trugen, etwa die 1879 von Wilhelm Marr (1819–1904) gegründete, aber nur kurzlebige Antisemitenliga oder die Antisemitische Volkspartei (ab 1893 Deutsche Reformpartei); in Österreich gab es den Antisemitenbund, der bis 1938 existierte. Überdies vertraten zahlreiche Vereinigungen und Parteien offen ein antijüdisches Programm; die NSDAP war dabei weder besonders radikal noch originell.

Das offene Bekenntnis zu einer antijüdischen Haltung oder gar die Selbstbezeichnung als Antisemit verschwand mit dem Ende der NS-Herrschaft weitgehend. Die nationalsozialistische Verfolgungspolitik gegen die jüdische Bevölkerung und vor allem die Ermordung der europäischen Juden hatten zur Folge, dass danach Antisemitismus mit einem Tabu belegt war. Wer sich nicht selbst ins politische und gesellschaftliche Abseits befördern wollte, vermied allzu offen antisemitische Äußerungen. Sich als Antisemit bekennen und damit in die Nähe des nationalsozialistischen Judenmords rücken, wollte nahezu niemand. Die Diskreditierung und Tabuisierung des Antisemitismus durch den Holocaust hatte weitere Wandlungen der Judenfeindschaft zur Folge, allen voran zu solchen Formen, die die systematische Ermordung der europäischen Juden relativierten oder gar ganz leugneten oder die Juden vorwarfen, Profit aus dem Holocaust schlagen zu wollen. Diese Spielarten der Judenfeindschaft werden unter Begriffen wie Post-Holocaust-, Schuldabwehr- oder sekundärer Antisemitismus gefasst (siehe Frage 8 und 57).

Bereits die Nationalsozialisten vermieden den Begriff Antisemitismus, freilich aus ganz anderen Gründen. Da unter die Bezeichnung «Semiten» auch Araber fielen, schien der Begriff aus politischen Erwägungen nicht opportun. Berlin suchte den Schulterschluss mit der arabischen Welt und wollte daher alles vermeiden, was dem im Wege stand (siehe Frage 86). Stattdessen wurde beispielsweise der Begriff «antijüdisch» favorisiert.

Auf der extremen Rechten trifft man jedoch heute mitunter auf ein offenes und geradezu offensives Bekenntnis zum Antisemitismus. In Dortmund organisiert die kleine rechtsextreme Splitterpartei «Die Rechte» immer wieder Demonstrationszüge, auf denen sie auslotet, wie weit man gehen kann, ohne juristisch zur Rechenschaft gezogen zu werden. In der Vergangenheit hatte sich das nordrhein-westfälische Verwaltungsgericht in Münster sehr nachsichtig gezeigt und etwa Parolen wie «Palästina hilf uns doch – Israel gibt es immer noch» als eine zwar überspitzte und polemische, aber zulässige Kritik an Israels Politik eingestuft. Wenige Tage nach dem Anschlag auf die Synagoge in Halle (siehe Frage 19) marschierte man in Dortmund dann mit Parolen wie «Wer Deutschland liebt, ist Antisemit» und – in Abwandlung des Slogans «Die Juden sind unser Unglück» (siehe Frage 72) – «Israel ist unser Unglück» auf. Viele andere Rechtsextreme – etwa in den Reihen der Alternative für Deutschland (siehe Frage 17) – scheuen jedoch meist das offene Bekenntnis, Antisemit zu sein.

12. Schützt die Taufe vor Antisemitismus? Im Zuge der Emanzipation im 19. Jahrhundert sahen einige Jüdinnen und Juden den Ausweg vor Verfolgung und Diskriminierung in einer Taufe.

Dies geschah in manchen Fällen aus einer Glaubensüberzeugung heraus, aus dem Willen, zum Christentum überzutreten. Andere nahmen diesen Schritt in Kauf, um so der Diskriminierung zu entgehen und Hindernisse für die erwünschte Karriere aus dem Weg zu räumen. Der Dichter Heinrich Heine (1797–1856) sah in der Taufe nur das «Entrée Billet zur europäischen Kultur», sie war notwendig, um «dazu zu gehören», im Falle Heines, um nach der Promotion als Jurist tätig werden zu können. Etwa 10 Prozent der deutschsprachigen Juden Mitteleuropas sollen diesen Schritt bis Ende des 19. Jahrhunderts vollzogen haben. Die damit verbundenen Hoffnungen jedoch erwiesen sich meist als Illusion. Mehr noch: Zur fehlenden Akzeptanz von zum Christentum konvertierten Juden in nichtjüdischen Kreisen, dem weiter offen oder hinter vorgehaltener Hand geäußerten Ressentiment, kam nicht selten die Ablehnung in nichtassimilierten jüdischen Kreisen.

Überdies deckte spätestens die Taufe von Jüdinnen und Juden auf, dass der Antijudaismus in den christlichen Kirchen über eine bloß religiös motivierte Ablehnung und Anfeindung weit hinausging. Auch der christlich begründete Antijudaismus schrieb Jüdinnen und Juden Eigenschaften zu, die mit Religion nichts zu tun hatten und an denen eine Taufe nichts änderte. So trennte die neuen Gemeindemitglieder vielfach weiterhin eine unsichtbare Mauer vom Rest der Gemeinde, in der man die sogenannten Judenchristen mit Argwohn betrachtete. Letztlich verbarg sich hinter der Mission von Juden durch die christlichen Kirchen und ihrer Taufe auch der Wunsch, das Judentum auf diesem Wege zum Verschwinden zu bringen.

Wie brüchig das Band war, das die zum Christentum Übergetretenen mit den Kirchen verband, zeigte sich mit brutaler Konsequenz im NS-Staat, in dem nach der nationalsozialistischen Rassenideologie auch getaufte Juden als Juden galten und als solche verfolgt wurden. Diejenigen in den christlichen Amtskirchen, die diesen Menschen als ihre Glaubensbrüder und -schwestern die Treue hielten, waren als Einzelne weitgehend isoliert und blieben letztlich ohne Einfluss auf den Kurs ihrer Kirchen. Auch die Bekennende Kirche auf evangelischer und der Caritasverband auf katholischer Seite, die für «Judenchristen» eintraten, fanden kaum Rückhalt.

13. Brauchen Antisemiten Juden? Antisemiten sind auf Juden, auf reale jüdische Menschen, nicht angewiesen. In vielen Ländern Europas und darüber hinaus leben fast keine Jüdinnen und Juden (mehr) und dennoch gibt es dort Antisemitismus nicht nur als bloßes Randphänomen. Dieses Phänomen wird auch als «Antisemitismus ohne Juden» bezeichnet. Und doch brauchen Antisemiten auch in diesen Ländern und Regionen Juden, allerdings als abstraktes Kollektiv, als Folie ihres Hasses. Dabei müssen sie nicht einmal als solches konkret in Äußerungen genannt werden. Vielfach nutzen Antisemiten antisemitisch aufgeladene Codes wie «Globalisten» (siehe Frage 49), deren judenfeindliche Ausrichtung alle verstehen, ohne dass Juden explizit genannt werden müssen. Nikolas Lelle und Johanna Balsam sprechen auch von einem «strukturellen Antisemitismus noch ohne Juden», der sich nicht nur solcher Codierungen bedient, sondern darüber hinaus vielen Verschwörungsmythen, in denen Juden nicht explizit vorkommen, zugrunde liegt bzw. die gleichen Grundstrukturen wie diese aufweist. Dazu zählen unter anderem Personalisierungen vermeintlicher dunkler Mächte und globaler Verschwörungen oder auch das Denken in den Kategorien einer positiv besetzten, in ihrem Wesen weitgehend unveränderlichen ethnischen Gemeinschaft (Volk) auf der einen und einer homogenen feindlichen Gruppe auf der anderen Seite.

Ein «Antisemitismus ohne Juden» manifestierte sich beispielsweise in zahlreichen Wahlkämpfen in Polen seit 1989/90, in denen gegnerischen Kandidaten immer wieder eine angebliche jüdische Abstammung, die verschleiert werde, zugeschrieben wurde. Damit sollten Vorstellungen einer Maskierung aus dunklen Beweggründen geweckt und die betreffende Person aus dem nationalpolnischen (katholischen) Kollektiv ausgeschlossen werden. Auch in

Bezug auf die Bundesrepublik Deutschland wurde vor 1990 vielfach von einem «Antisemitismus ohne Juden» gesprochen, da der Anteil der jüdischen Bevölkerung verschwindend gering war. Antisemitische Akte wurden hier oftmals an Orten begangen, an denen keine Juden mehr lebten; sie richteten sich gegen jüdische Friedhöfe (siehe Frage 54) oder Mahnmale. Überdies verzeichneten empirische Erhebungen noch in den 1980er Jahren ausgeprägte antisemitische Einstellungen bei rund 20 Prozent der erwachsenen Bevölkerung. Dies äußerte sich beispielsweise darin, dass viele Befragte keine jüdischen Nachbarn haben wollten, obwohl sie nie in ihrem Leben direkten Kontakt zu Jüdinnen und Juden hatten.

14. Was ist ein Pogrom? Der Begriff Pogrom kommt aus dem Russischen und bedeutet «Verwüstung, Zerstörung». Seit Anfang des 20. Jahrhunderts hat sich der Begriff als Bezeichnung für gewalttätige antijüdische Ausschreitungen etabliert. Seit einiger Zeit werden auch Phänomene der Massengewalt gegen andere Gruppen, meist ethnische oder religiöse Minderheiten, als Pogrom bezeichnet. So wird mitunter die tagelange Gewalt gegen Geflüchtete und gegen vietnamesische Vertragsarbeiterinnen und Vertragsarbeiter in Rostock-Lichtenhagen im August 1992 als Pogrom charakterisiert. Manche Definitionen setzen eine Beteiligung staatlicher Organe voraus, während andere darauf verzichten.

Gruppengewalt gegen Jüdinnen und Juden oder gegen ihre Besitztümer hat es in der Geschichte schon lange vor der Etablierung des Begriffs gegeben. Zu den bekanntesten gehören Pogrome während der Pest, die Chmielnicki-Pogrome 1648/49, der Pogrom in Kischinew 1903, die Novemberpogrome 1938, die Pogrome in Lemberg und anderen Orten des damaligen Ostpolens im Sommer 1941 sowie der Pogrom von Kielce 1946.

Im Mittelalter kam es in ganz Mitteleuropa zu Pogromen gegen Juden, die der Verbreitung der Pest folgten, das heißt 1348 in Südfrankreich ihren Anfang nahmen und sich dann Richtung

Norden bewegten, wo die letzten 1351 in Brandenburg stattfanden. Man geht davon aus, dass rund ein Viertel der 350 jüdischen Stadtgemeinden Mitteleuropas vollständig vernichtet wurden. Überdies vertrieb man die Juden aus 100 Städten. Der Vorwurf, die Pest verursacht zu haben, vermischte sich häufig mit älteren antijüdischen Topoi wie dem der Brunnenvergiftung oder dem des Gottesmords.

Unter der Führung von Bogdan Chmielnicki (1596–1657) verübten Kosaken und Bauernverbände Mitte des 17. Jahrhunderts Massaker an der jüdischen Bevölkerung in Teilen der Ukraine, die gewissermaßen ein Stellvertreteropfer war. Die Unzufriedenheit richtete sich eigentlich gegen die polnische Adelsschicht und ihre Herrschaftspraxis in diesen Regionen. Da diese jedoch fernab lebte und sich vielfach Juden als Steuereintreiber und in anderen Funktionen bediente, richtete sich die Gewalt gegen diese. Die Zahl der Opfer ist bis heute ungeklärt und geht in die Tausende.

Im bessarabischen Kischinew kam es Ostern 1903 zu einem Pogrom, der durch eine breit angelegte antijüdische Hetze in der örtlichen Presse angebahnt worden war, in der unter anderem auch die Ritualmordlegende aktualisiert wurde. Ohne Eingreifen der Sicherheitskräfte gingen hunderte Männer an Ostersonntag mit brutaler Gewalt gegen Juden sowie ihre Geschäfte und Wohnungen vor. Dem zweitägigen Pogrom fielen 49 Juden zum Opfer, hunderte wurden verletzt. Der jüdische Dichter Chaim Nachman Bialik (1873–1934) verfasste über den Pogrom das Gedicht «In der Stadt des Schlachtens»; weltweit sorgte der Pogrom für Entsetzen.

Dies galt auch für die Novemberpogrome 1938 im deutschen Herrschaftsbereich. Als Ausdruck eines vermeintlichen «spontanen Volkszorns» inszenierten die Nationalsozialisten einen mehrtägigen Pogrom gegen die jüdische Bevölkerung. Als Anlass diente das tödliche Attentat Herszel Grynszpans (1921–1942/43) auf Ernst vom Rath (1909–1938), einen Mitarbeiter der deutschen Botschaft in Paris, unmittelbar zuvor. SA-Männer, Hitlerjungen und viele andere demolierten die Wohnungen und Häuser von

Jüdinnen und Juden, auch ihre Geschäfte; sie plünderten und malträtierten die Juden mit brutaler Gewalt. Circa 1300 bis 1500 wurden in diesen Tagen getötet, rund 30 000 Männer in Konzentrationslager gesperrt.

Auch nach dem Holocaust kam es zu Pogromen gegen Juden. Der wohl bekannteste fand 1946 in der polnischen Stadt Kielce statt. Anlass war hier der uralte antijüdische Topos, Juden würden christliche Knaben entführen und töten, um mit ihrem Blut Mazze (das Brot, das von den Juden zur Pessachzeit gegessen wird) zu backen. Anfang Juli 1946 wurde in Kielce ein neunjähriger christlicher Junge als vermisst gemeldet. Als er wieder auftauchte, berichtete er, er sei im Haus des Jüdischen Komitees, wo die meisten jüdischen Überlebenden des Holocaust in der Stadt lebten, gefangen gehalten worden und habe dort im Keller die Leichen ermordeter christlicher Kinder gesehen. Schnell fanden sich zahlreiche Nichtjuden zusammen, darunter auch Soldaten, die einen Pogrom gegen die Juden entfesselten, an dessen Ende 42 jüdische Männer, Frauen und Kinder ermordet waren, zahlreiche weitere wurden verwundet. Der Junge gestand tags darauf, sich die Geschichte ausgedacht zu haben. Der Pogrom machte weltweit Schlagzeilen und wirkte für die Juden in Polen, die den Holocaust überlebt hatten, wie ein Fanal. Die meisten von ihnen, weit über 100 000 Menschen, flohen daraufhin aus Polen in die westlichen Besatzungszonen Nachkriegsdeutschlands. Nach einiger Zeit reiste der Großteil von ihnen von dort nach Israel, in die USA, nach Kanada und in andere Länder weiter, wo sie sich niederließen.

Neben den hier exemplarisch genannten Pogromen gegen Juden kam es in Mittel- und Osteuropa nach dem Ersten Weltkrieg mancherorts im Zuge der (Wieder-)Entstehung von Staaten und in weiteren Kriegen und Bürgerkriegen zu zahlreichen Pogromen. Auch während des Einmarsches deutscher Truppen im Herbst 1939 in Polen sowie im Sommer 1941 in den ostpolnischen Regionen, in den baltischen Ländern, der Ukraine und Belarus gab es immer wieder Pogrome gegen die jüdische Bevölkerung, die zum

Teil von den deutschen Invasoren durchgeführt oder initiiert wurden, zum Teil aber auch aus eigenem Antrieb örtlicher Antisemiten begonnen wurden.

Antisemitismus heute

15. Gibt es immer mehr Antisemitismus oder reden wir nur mehr darüber? Antisemitismus ist unzweifelhaft seit einigen Jahren sehr viel häufiger Thema in der Öffentlichkeit. Es liegt nahe, die Ursache dafür in einer Zunahme antisemitisch motivierter Gewalt und judenfeindlicher Äußerungen zu sehen, wofür einiges spricht. Die Zahl der offiziell in einer Statistik des Bundesinnenministeriums erfassten antisemitischen Straftaten ist seit 2018 rasant angestiegen. Zuvor lag sie seit dem Beginn ihrer Erfassung 2001 im Durchschnitt bei rund 1600 pro Jahr, von denen 45 bis 47 Gewaltdelikte waren. 2019 waren es schon 2032 antisemitische Straftaten, 2020 dann 2351 und 2021 schließlich 3027. Die Zahl der Gewalttaten darunter betrug 2019 73, im Jahr darauf 57, 2021 stieg sie wieder auf 64. Andere Statistiken weisen abweichende Zahlen auf, da die Kriterien unterschiedlich sind. Auch in der Einschätzung der Hintergründe und Motive der Täter weisen die Statistiken große Unterschiede auf. Das Bundesinnenministerium spricht davon, dass die weit überwiegende Zahl der Fälle einen rechtsextremen Hintergrund hat, während von 553 von der Universität Bielefeld befragten Jüdinnen und Juden 62 Prozent sagten, dass verbale Angriffe von Muslimen ausgegangen seien und sogar 81 Prozent der körperlichen Angriffe. Eine Rolle könnte dabei spielen, dass etliche der in der Bielefelder Studie eingeflossenen Fälle gar nicht in der Statistik auftauchen, da sie keine Straftatbestände darstellen oder weil Betroffene sie gar nicht erst gemeldet haben, sei es, weil sie kein Vertrauen in die Sicherheitsbehörden haben, sie der Meinung sind, eine Anzeige bringe nichts, oder aus anderen Gründen. Überdies ist die Zuordnung weder in der offiziellen Statistik noch in der Einschätzung der Betroffenen aus der Bielefelder Studie trennscharf.

Die Statistiken hängen von der Meldebereitschaft ab, die wiederum mit einer zunehmenden Sensibilisierung für das Thema steigt. Überdies gibt es mitunter große Unterschiede in der Bewertung von Tatmotiven zwischen den Behörden und den Personen, die Taten melden. Als antisemitisch taucht eine Tat aber nur in der Statistik auf, wenn Justiz und Polizei auch eine antisemitische Motivation registrieren.

Abseits der Erfassung antisemitischer Straftaten bleibt das weite Feld des sogenannten Alltagsantisemitismus, der sich oft unterhalb der Schwelle des Strafgesetzbuches bewegt, vielfach im Dunkeln. Das hat auch damit zu tun, dass Jüdinnen und Juden über Jahrzehnte hinweg in der medialen Wahrnehmung nur wenig vorkamen. Meist fokussierte sich die Öffentlichkeit auf Vertreter des Zentralrats der Juden in Deutschland, die in einer Mahnerrolle auftraten und nicht selten genau deswegen angefeindet wurden. Die Erfahrungs- und Erlebnisperspektive der vielfältigen jüdischen Bevölkerung war nicht präsent, sie wurde nicht wahrgenommen oder sie wurde aus einer Selbstzurückhaltung, aus Ängsten und anderen Gründen von den Jüdinnen und Juden gar nicht erst öffentlich vorgetragen. Dies hat sich seit einigen Jahren deutlich geändert. Vor allem jüngere Jüdinnen und Juden, aber nicht nur sie, melden sich selbstverständlich zu Wort und beschränken sich dabei auch nicht «nur» auf die Anprangerung von Antisemitismus und auf «jüdische Themen».

16. Wie kann man Antisemitismus messen? Für eine wirksame politische und gesellschaftliche Bekämpfung des Antisemitismus ist es wichtig, neben den Motiven und Funktionsweisen auch das Ausmaß der Verbreitung der Judenfeindschaft und ihr Gefahrenpotential genau zu kennen. Da sich jedoch die wenigsten offen als Antisemiten zu erkennen geben (siehe Frage 11), muss man andere Wege finden.

Wenn es um Erhebungen zur Bedrohungslage von Jüdinnen und Juden in Deutschland geht, besteht das grundlegende Problem für Demoskopen, die Umfragen durchführen wollen, darin, eine ausreichend große und repräsentative Gruppe von Personen zu finden, die bereit sind, die Fragen zu beantworten. Dabei behilft man sich auf verschiedene Weise. Manche wählen aus Telefonbüchern jüdisch klingende Namen aus und rufen diese Personen an. Dies hat zur Folge, dass ein großer Anteil dieser Gruppe immer wieder befragt wird. Andere Forscherinnen rufen über jüdische Gemeinden und Organisationen zur Teilnahme an Befragungen auf. Der große Teil der jüdischen Bevölkerung, der nicht Mitglied einer jüdischen Gemeinde ist, wird so nicht erreicht.

Das Ausmaß und verschiedene Formen des Antisemitismus sind ebenfalls nur schwer über Umfragen zu erfassen. Eine direkte Frage danach, ob jemand Antisemit sei oder an antisemitische Verschwörungsmythen glaube, würde sicherlich von nahezu allen Befragten verneint. Daher müssen sich die Forscher einen Fragenkatalog überlegen, mit dem sie dieses Problem umgehen und dennoch zu aussagekräftigen Ergebnissen kommen. Eine wachsende Rolle spielen dabei Fragen zur Haltung zu Israel und dem Nahostkonflikt. Andere Fragen zielen auf die Erhebung judenfeindlicher Einstellungen, indem nach der Akzeptanz jüdischer Nachbarn oder der Einschätzung jüdischen Einflusses auf Medien, Banken oder Politik gefragt wird. Aus einem ganzen Katalog von Fragen wird dann eine Einschätzung über das Vorhandensein antijüdischer Einstellungen, des sogenannten latenten Antisemitismus, gewonnen. Da die Methoden, Gewichtungen und Fragenkataloge mitunter stark voneinander abweichen, lassen sich unterschiedliche Umfragen nur sehr eingeschränkt vergleichen. Medial werden die Ergebnisse häufig verkürzt und latenter Antisemitismus mit manifestem Judenhass, der sich in Straftaten gegen Jüdinnen und Juden niederschlägt, vermischt. Letzterer wird von Polizei und Justiz statistisch erfasst, wobei es auch Schwierigkeiten in der eindeutigen Zuordnung gibt (siehe Frage 15).

In der Tendenz zeigt sich, dass manifester Antisemitismus, die Zahl antisemitischer Straftaten, seit 2019 deutlich ansteigt. Das hängt unter anderem mit der Coronapandemie ab 2020 zusammen, in deren Zusammenhang auf Protestkundgebungen oder im Internet zahlreiche antisemitische Delikte vorkamen. Ein durch einige Debatten und Aufsehen erregende Fälle geschärftes Bewusstsein bei Justiz und Polizei wird sicher auch eine gewisse

Rolle spielen. Latenter Antisemitismus, also judenfeindliche Einstellungen, werden auch vermehrt registriert. Welche Rolle erhöhte Sensibilisierung, eine höhere Meldebereitschaft und eine bessere Infrastruktur von Einrichtungen, die Informationen zusammentragen, und anderes mehr dabei spielen, lässt sich nicht sagen.

17. Wie antisemitisch ist die AfD? Für die Antwort auf die Frage, wie antisemitisch eine Partei ist, gibt es keine klare Skala, auf der sich ein Grad an Antisemitismus benennen ließe. Naturgemäß folgt aus der Einschätzung einer Partei als antisemitisch nicht automatisch, dass jedes einzelne Mitglied Juden hassen muss. Ein Gradmesser, wofür eine Partei steht, sind neben der Programmatik Äußerungen und Praktiken ihrer führenden Funktionäre, die als gewählte Vertreterinnen und Vertreter den Kurs der Partei prägen. Die Alternative für Deutschland (AfD) hat in erheblichen Teilen in den Jahren seit ihrer Gründung eine fortwährende Radikalisierung in Richtung einer völkisch-rechtsextremen Partei durchlaufen. Dies ging einher mit einer Zunahme antisemitischer Äußerungen, die zum Teil Kern des politischen Selbstverständnisses der AfD bzw. ihrer Führungskräfte sind. In erster Linie bedienen sie sich beim sekundären Antisemitismus (siehe Frage 8) und befeuern diesen, indem Funktionäre wie der ehemalige Bundessprecher bzw. Parteivorsitzende und Fraktionsvorsitzende im Deutschen Bundestag und heutige Ehrenvorsitzende der AfD, Alexander Gauland (geb. 1941), oder der thüringische Landesvorsitzende Björn Höcke (geb. 1972) den NS-Staat und seine Verbrechen als «Vogelschiss» (Gauland) kleinreden oder die kritische Aufarbeitung des Holocaust ablehnen, indem sie eine «erinnerungspolitische Wende um 180 Grad» (Höcke) fordern und das Denkmal für die ermordeten Juden Europas als «Denkmal der Schande» (Höcke) verunglimpfen. Gauland forderte für die Deutschen zudem das Recht ein, «stolz zu sein auf Leistungen deutscher Soldaten in zwei Weltkriegen». Welche Leistungen genau er meinte, ließ er wohlweislich offen, bediente so bewusst vage den Mythos von der «sauberen Wehrmacht» und blendete den Kontext des nationalsozialistischen Angriffs- und Vernichtungskriegs aus. Dies geht einher mit einer nationalistisch aufgeladenen Glorifizierung der deutschen Geschichte.

Tonangebende radikale Kräfte der Partei wie Höcke bedienen sich überdies immer wieder antisemitischer Codes und Verschwörungsmythen, wenn sie gegen die Globalisierung wettern oder einen drohenden «Volkstod durch Bevölkerungsaustausch» herbeifantasieren. Zudem fokussieren sie in diesem Kontext auch auf George Soros (siehe Frage 58) und konstruieren so eine vermeintliche jüdische Verschwörung.

Begleitet werden die nur vordergründig zweideutigen Äußerungen von einem Herunterspielen von Antisemitismus in Deutschland, der unter Deutschen keine große Rolle spiele. Vielmehr ist die AfD bemüht, Antisemitismus als ein Problem darzustellen, das fest mit Migration verbunden sei. So sprach die AfD-Bundestagsabgeordnete Beatrix von Storch (geb. 1971) im März 2022 von einem «importierten islamischen Antisemitismus» und leitete daraus ein Scheitern der Migrationspolitik ab. Das Spielen bedeutender Teile der Führungsriege der AfD mit antisemitischen Codes und Verschwörungsmythen sowie ihr Umgang mit der NS-Vergangenheit spiegeln sich auch in der Anhängerschaft der AfD, wie Umfragen und Studien zeigen.

18. Ist der Antisemitismus gewissermaßen vom Christentum zum Islam konvertiert? Ebenso wie das Christentum beruht auch der Islam auf dem Judentum. Daher gab es auch dort eine besondere Notwendigkeit, sich vom Judentum abzugrenzen. Dennoch hat es Judenfeindschaft im Islam nicht in dem Ausmaß wie im Christentum gegeben, weder quantitativ noch qualitativ, obwohl es auch in der muslimischen Welt immer wieder zu antijüdischer Gewalt kam.

Erst im Zuge eines entstehenden Nationalismus in islamisch geprägten Weltregionen gewann Antisemitismus zunehmend an Bedeutung. Dabei handelte es sich jedoch nicht um eine spezifisch muslimische Spielart von Antisemitismus, vielmehr spielten die europäischen, also christlich geprägten Ausformungen des Judenhasses eine große Rolle. Daher kann man davon sprechen, dass der Antisemitismus in der muslimischen Welt vor allem ein Import aus «dem Westen» war, der dann wiederum an die Gegebenheiten angepasst wurde.

Mit der Gründung des Staates Israel 1948, der Flucht und Vertreibung der palästinensischen Bevölkerung und den zahlreichen daraus erwachsenen Konflikten verschärfte sich der Judenhass in der muslimisch geprägten Welt erheblich. Antisemitismus und ein gegen Israel gerichteter Antizionismus verschmolzen in Teilen, so dass beides oft nicht klar gegeneinander abgegrenzt werden kann. Aus dieser Quelle speisen sich auch judenfeindliche Tendenzen in einem Teil der muslimischen Bevölkerung in Deutschland. Antijüdische Beleidigungen und Gewalt gegen Jüdinnen und Juden von muslimisch sozialisierten Personen haben in den letzten Jahren eine wachsende Bedeutung im Alltag der Juden hierzulande erlangt. Das wiederum nutzen manche Kreise aus, um unter dem Deckmantel einer vermeintlichen Antisemitismusabwehr ihrer Islamfeindschaft freien Lauf zu lassen.

19. Warum sprach der Bundespräsident am 9. Oktober 2020 in Halle an der Saale über eine Tür? An diesem Tag wurde des Anschlags auf die Synagoge im Jahr zuvor, der zwei Todesopfer gefordert hatte, gedacht. Am 9. Oktober 2019, an Jom Kippur, dem höchsten jüdischen Feiertag, kam Stephan Balliet, ein antisemitischer Endzwanziger, bewaffnet zur Synagoge und versuchte gewaltsam dort einzudringen. Er schoss mehrfach auf die massive Eingangstür, schaffte es aber nicht, diese zu überwinden. Das Bild der Einschusslöcher in der Tür ging später um die Welt. Von innen konnte der Kantor der Synagoge über eine Sicherheitskamera verfolgen, was der Täter draußen trieb.

Die rund 50 Besucherinnen und Besucher in der Synagoge brachten sich in einen weiter hinten liegenden Raum in Sicherheit und verbarrikadierten weitere Türen. Nach einigen Minuten kam die herbeigerufene Polizei. Balliet hatte inzwischen die zufällig des Wegs kommende vierzigjährige Jana Lange (1979–2019) vor der Synagoge erschossen. Er war dann in einen Döner-Imbiss gegangen, wo er den zwanzigjährigen Gast Kevin Schwarze (1999–2019) ermordete. Nach einem Schusswechsel mit der Polizei konnte er mit seinem Auto flüchten. Gut eine Stunde später wurde er schließlich außerhalb von Halle gefasst, nachdem er weitere Personen beim Versuch sie zu töten verwundet hatte. Nach dem Vorbild anderer Massenmörder im Ausland streamte Balliet seine Taten live im Internet.

Die Tat sorgte für viel Aufsehen. Es hatte nicht viel gefehlt und es wäre zu einem antisemitisch motivierten Massaker mit vielen Todesopfern gekommen. Kritisiert wurde im Nachgang der Tat, dass es an diesem Tag keinen Polizeischutz vor der Synagoge gegeben hatte, obwohl die Gemeinde immer wieder auf bessere Schutzmaßnahmen gedrungen habe. Das Land Sachsen-Anhalt hatte eine finanzielle Unterstützung von baulichen Sicherungen in den Jahren zuvor abgelehnt, woraufhin die Jewish Agency die Anschaffung der massiven Holztür, die letztlich die Menschen in der Synagoge vor Schlimmerem bewahrt hat, finanzierte.

Der Täter Stephan Balliet, der während der Untersuchungshaft einen Fluchtversuch unternommen hatte, wurde im Dezember 2020 vom Oberlandesgericht Naumburg zu lebenslanger Haft mit anschließender Sicherungsverwahrung verurteilt. Auch im Prozess hatte er seinen Antisemitismus offen gezeigt, unter anderem leugnete er den Holocaust.

20. Hat die Polizei in Deutschland ein Antisemitismusproblem? Antisemitismus in den Reihen der Polizei ist immer ein Problem – unabhängig davon, ob man darin ein strukturelles Problem oder eine Reihe von Einzelfällen sieht. Fälle von judenfeindlichen Äußerungen oder Handlungen in den Sicherheitsbehörden sind insbesondere für Jüdinnen und Juden in Deutschland ein gravierendes Problem, da sie in besonderer Weise auf Schutz angewiesen sind, sei es in Form von Objektschutz vor Synagogen,

Schulen und anderen Einrichtungen, in manchen Fällen für den Personenschutz und generell im Falle von antisemitisch motivierter Gewalt oder Hetze. Hier richten bereits Einzelfälle einen erheblichen Schaden an und beschädigen notwendiges Vertrauen. Dies zeigte sich 2019/20 besonders krass in Hannover. Dort hatte der Polizeibeamte Michael F. als Spezialist für Einbruchschutz die Einrichtungen der Liberalen Jüdischen Gemeinde auf Sicherheitslücken hin inspiziert. Einige Monate später trat der Beamte auf Demonstrationen der Querdenkerszene als Redner in Erscheinung und radikalisierte sich zunehmend; 2022 wurde er daher aus dem Dienst entlassen. Bei einer Großrazzia gegen das Reichsbürgermilieu im Zuge der Ermittlungen der Bundesanwaltschaft wegen eines geplanten Putsches wurde F. neben 22 weiteren Beschuldigten im Dezember 2022 verhaftet.

In den letzten Jahren hat eine Reihe weiterer Fälle für Schlagzeilen gesorgt. Häufig ging es um Nachrichten in Chatgruppen in Messengerdiensten, in denen Polizisten unter anderem Bilder und Texte posteten, mit denen der Holocaust relativiert oder gar geleugnet wurde. Jenseits solcher auf den Holocaust bezogenen Fälle gab es auch andere antisemitische Äußerungen in diesen Gruppen. Ans Licht kommt dies meist durch Zufall im Zuge von Ermittlungen in anderen Fällen, in denen auch die Handys einzelner Beamter ausgewertet wurden. Selten – und das ist ein zusätzliches gravierendes Problem – werden solche Vorfälle von Adressatinnen und Adressaten dieser Nachrichten oder anderen Polizistinnen und Polizisten, die davon erfahren, gemeldet. Dieses Problem betrifft auch andere Formen von Rassismus jenseits von Antisemitismus. Manche Bundesländer haben auf solche Missstände inzwischen reagiert und Studien zu Rassismus und Antisemitismus innerhalb der Polizei in Auftrag gegeben, mancherorts gibt es Antisemitismusbeauftragte der Polizei sowie unabhängige Polizeibeschwerdestellen, bei denen solche Fälle gemeldet werden können. In der Polizeiausbildung sind diese Themen kaum Gegenstand, freiwillige Fortbildungen werden jedoch vermehrt angeboten.

21. Stand jahrelang ein Antisemit an der Spitze des Verfassungsschutzes? Seit einiger Zeit ist die Amtszeit des ehemaligen Präsidenten des Bundesamts für Verfassungsschutz Hans-Georg Maaßen (geb. 1962) in die Diskussion geraten. Maaßen war von 2012 bis 2018 Präsident des Bundesamtes für Verfassungsschutz und 2021 Direktkandidat der CDU für den Bundestag in Thüringen. Seine (erfolglose) Kandidatur war parteiintern sehr umstritten. Als Verfassungsschutzpräsident war er wegen des Herunterspielens rechtsextremer Ausschreitungen 2018 in Chemnitz abgelöst worden. Anlass zu Zweifeln an seiner Amtsführung im Verfassungsschutz sind seine zunehmend sichtbare Nähe zu Verschwörungsmythen und eine «fortschreitende Radikalisierung nach rechts außen», von der im Januar 2023 der stellvertretende CDU-Vorsitzende Andreas Jung (geb. 1975) mit Blick auf seinen Parteifreund Maaßen sprach. Jung forderte daher, einen Parteiausschluss zu prüfen.

Auch Antisemitismusvorwürfe wurden gegen Maaßen erhoben. Der Antisemitismusbeauftragte der Bundesregierung, Felix Klein (geb. 1968), sah in einem Tweet, in dem Maaßen sich über einen vermeintlichen «eliminatorischen Rassismus gegen Weiße» der «treibenden Kräfte im politisch-medialen Raum» echauffierte, eine Relativierung des Holocaust und damit eine Form von Antisemitismus. Hintergrund ist, dass der Begriff «eliminatorischer Rassismus» aus dem in der Holocaustforschung 1995 von Daniel J. Goldhagen eingeführten Begriff eines «eliminatorischen Antisemitismus» unter den damaligen nichtjüdischen Deutschen entlehnt sei.

Stephan J. Kramer (geb. 1968), seit 2015 Präsident des Amtes für Verfassungsschutz in Thüringen, warf Maaßen 2021 die Verbreitung antisemitischer Vorurteile vor. Dies stützte er unter anderem auf den Gebrauch antisemitischer Codes (siehe Frage 49) durch Maaßen. So schreibe dieser von «Wirtschaftsglobalisten», die sich mit Linken verschwören und Nationalkulturen gezielt zerstören wollten. Einen ähnlichen Vorwurf gegen Maaßen hatte auch die Klimaaktivistin Luisa Neubauer (geb. 1996) im Mai

2021 in einer Talkshow erhoben. Maaßens abwegiger Gedanke, Linke und «Wirtschaftsglobalisten» würden zu einer Gruppe verschmelzen, bedient letztlich auch das antisemitische Bild von der «Judäokommune» (siehe Frage 80) und einer jüdischen Weltverschwörung.

Lange Zeit wurde Maaßen von führenden CDU-Politikern gegen Vorwürfe in Schutz genommen. Sein langjähriger Dienstherr, der CSU-Politiker und damalige Bundesinnenminister Horst Seehofer (geb. 1949), wehrte Kritik ab; auch Armin Laschet (geb. 1961) wies 2021 als CDU-Bundesvorsitzender und Kanzlerkandidat der Union Antisemitismusvorwürfe gegen Maaßen zurück. Seitdem mehren sich jedoch auch innerhalb der CDU die kritischen Stimmen. Im Januar 2023 veranlasste CDU-Generalsekretär Mario Czaja (geb. 1975) «Parteiordnungsmaßnahmen bis hin zum Parteiausschluss», nachdem unter anderen die stellvertretende CDU-Vorsitzende Karin Prien (geb. 1965) Maaßens Parteiausschluss gefordert hatte.

22. Macht ein gelber Stern jemanden schon zum Antisemiten? Auf zahlreichen Demonstrationen und sogenannten Spaziergängen, bei denen gegen Maßnahmen zur Eindämmung und Bekämpfung der Coronapandemie sowie gegen eine Pflicht zur Impfung gegen das Coronavirus protestiert wurde, sah man Menschen, die einen gelben Aufnäher mit einem Davidstern und Aufschriften wie «Ungeimpft» trugen. Damit stellten sich Menschen, die gegen eine Impfung waren, auf eine Stufe mit den vom NS-Regime verfolgten Jüdinnen und Juden. Die Demonstrierenden wähnten sich als Ungeimpfte ähnlich diskriminiert, da ihnen zeitweise der Zugang zu Veranstaltungen, Restaurants und Geschäften verwehrt bzw. nur mit negativem Covidtest erlaubt wurde. Überdies sahen sie in der einrichtungsbezogenen Impfpflicht für das Personal in Pflegeeinrichtungen eine Art Berufsverbot für nicht impfwillige Beschäftigte.

Diese Selbstinszenierung als Opfer verunglimpfte die jüdischen Opfer der NS-Herrschaft und stellte letztlich eine Verharmlosung bzw. Relativierung des Holocaust dar. Insofern sind solche Sterne Ausdruck eines klassischen sekundären oder Post-Holocaust-Antisemitismus (siehe Frage 8). Überdies kann man hierin eine Täter-Opfer-Umkehr erkennen, da schließlich die Nachfahren der Täter, Profiteure und Mitläufer sich damit die Rolle der Verfolgten zuschreiben. Verstärkt wurde dies durch Hetze gegen den Virologen Christian Drosten (geb. 1972), der führender Experte für Coronaviren ist und die Öffentlichkeit während der Pandemie über diese Viren umfassend informiert hat. Er wurde verbal und auf Klebezetteln mit dem berüchtigten KZ-Arzt Josef Mengele (1911–1979) verglichen, der im Konzentrations- und Vernichtungslager Auschwitz-Birkenau pseudomedizinische Experimente an Gefangenen durchgeführt hatte.

23. Genießen Juden in Deutschland einen besonderen Schutz?
Juden und jüdisches Leben in Deutschland besonders zu fördern und zu schützen, wird in Festansprachen oder nach antisemitischen Gewaltakten oder Aufsehen erregenden Fällen von Verbalattacken gegen Juden immer wieder gerne betont. Jüdische Einrichtungen wie Synagogen, Gemeindezentren und andere mehr werden vielfach von Polizei bewacht (siehe Frage 99). Jüdische Schulen befinden sich hinter hohen Zäunen oder Mauern und lassen sich nur durch Sicherheitsschleusen betreten, die Schülerinnen und Schüler werden auf ihrem Schulweg von Sicherheitspersonal begleitet. Das alles ist vielfach Alltag von Jüdinnen und Juden in Deutschland, weil sie besonderen Gefahren ausgesetzt sind. Diese drohen von Antisemiten jeder Couleur und sie drohen, weil der sogenannte Nahostkonflikt immer wieder auch vor jüdischen Institutionen ausgetragen wird und das Klima solcher Proteste nicht selten aggressiv aufgeladen ist.

Und dennoch fühlen sich viele Jüdinnen und Juden immer unsicherer in Deutschland, haben sie das Gefühl, dass Anfeindungen gegen sie zunehmen und sie ihnen schutzlos ausgeliefert sind. Zahlreiche antijüdische Gewaltakte der letzten Jahre sowie Aufsehen erregende Fälle von Beleidigungen oder Mobbing gegen jüdische Schülerinnen und Schüler bestätigen die Ängste. Jüdische Touristen werden vor bestimmten Gegenden gewarnt, man empfiehlt ihnen generell, auf das Tragen der Kippa zu verzichten und andere Zeichen zu verbergen, um nicht als Jude erkennbar zu sein. Längst nicht alle Synagogen und andere jüdische Einrichtungen sind hinreichend gesichert oder werden dauerhaft von Polizei bewacht, was der Anschlag auf die Synagoge in Halle im Oktober 2019 einmal wieder deutlich gemacht hat (siehe Frage 19).

24. Was meint der Vorwurf «*Stürmer*-Methoden»? Der Vorwurf, jemand bediene sich «*Stürmer*-Methoden», bezieht sich auf die antisemitische Zeitung *Der Stürmer*, die der Nationalsozialist Julius Streicher (1885–1946) von 1923 bis 1945 in Nürnberg herausgegeben hat. Die Wochenzeitung, die in den 1930er Jahren eine Auflage von mehreren hunderttausend erreichte, bediente sich in vulgärer Weise alter antisemitischer Stereotype und propagierte einen radikalen Kurs der Judenverfolgung. Auf ihrer Titelseite prangte die Parole «Die Juden sind unser Unglück», ein Zitat des Historikers Heinrich von Treitschke (siehe Frage 72). Neben Hetzartikeln veröffentlichte Streicher in dem Blatt Karikaturen, die uralte antijüdische Stereotype häufig mit voyeuristisch-pornografischen Darstellungen kombinierten. Die Judenfiguren dieser Karikaturen zeichnen wulstige Lippen, eine große Hakennase, Übergewicht und Ähnliches aus. Jemandem heutzutage «*Stürmer*-Methoden» vorzuwerfen, stellt diese Person auf eine Stufe mit der wohl abgründigsten Form nationalsozialistischen Judenhasses.

Oft bezieht sich dieser Vorwurf auf bildliche Darstellungen von Juden. So wurde einem Bild des indonesischen Künstlerkollektivs Taring Padi, das 2022 kurzzeitig auf der Kunstschau Documenta in Kassel gezeigt wurde, eine antisemitische Bildsprache vorgeworfen, das American Jewish Committee Berlin sah sich an den *Stürmer* erinnert. Auf dem Banner mit dem Titel «People's Justice» ist im Gewimmel vieler Figuren ein Geschäftsmann mit Hakennase und blutunterlaufenen Augen abgebildet, er hat das SS-Zeichen auf seinem Hut und ist durch Schläfenlocken eindeutig als Jude markiert. Hinter ihm sind Uniformierte, darunter eine Person mit Schweinenase und der Aufschrift «Mossad» auf der Stirn. Nach Protesten wurde es zunächst verhängt und schließlich ganz entfernt.

Auch dem Karikaturisten Dieter Hanitzsch (geb. 1933), der für die *Süddeutsche Zeitung* zeichnete, wurde anlässlich einer Karikatur zur politischen Vereinnahmung des Eurovision Song Contest durch den israelischen Ministerpräsidenten Benjamin Netanjahu (geb. 1949) im Mai 2018 Antisemitismus vorgeworfen. Charlotte Knobloch (geb. 1932), die Präsidentin der Israelitischen Kultusgemeinde München und Oberbayern, warf der Zeitung vor, sie habe «*Stürmer*-Niveau» angenommen. Der Chefredakteur entschuldigte sich und die Zeitung beendete die Zusammenarbeit mit dem Zeichner. Diese Entscheidung wurde von manchen kritisiert, da Hanitzsch ganz normale Techniken einer Karikatur verwendet habe, die der karikaturistischen Darstellung Netanjahus dienten und eben nicht eines allgemeinen jüdischen Typus oder dergleichen.

25. Töten Tausende Rockfans weltweit symbolisch immer wieder eine «Judensau»? Seit etlichen Jahren gibt es ein Ritual auf Konzerten des Musikers Roger Waters (geb. 1943), ehemals Frontmann der Band «Pink Floyd»: Am Ende der Show schwebt ein großes aufblasbares Schwein über dem Publikum, auf dem ein Davidstern prangt. Eingeweihte Konzertgänger wissen Bescheid, dass dieses Schwein nun von den Zuschauerinnen und Zuschauern zerstört werden kann und soll. Dieses Ritual löst immer wieder Proteste und Streit aus, zumal Waters als Anhänger der BDS-Bewegung (siehe Frage 34) und scharfer Kritiker Israels bekannt ist. Es hat ihm von vielen Seiten den Vorwurf eingehandelt, ein Antisemit zu sein. Auch in Deutschland gab es im Umfeld von Konzerten scharfe Proteste. In Düsseldorf äußerte 2013 der Verwaltungsdirektor der Jüdischen Gemeinde: «Roger Waters ist ein geistiger Brandstifter, für den es in unserer Stadt kein Forum geben darf.» Auch die Konzertagentur Marek Lieberberg hat sich davon distanziert, sah sich aber nicht in der Lage, «in das Recht auf künstlerische Freiheit einzugreifen». Roger Waters verwahrte sich gegen die Kritik. Er wies darauf hin, dass auf dem Schwein mit dem Kreuz und Halbmond auch die Symbole der anderen großen Weltreligionen und überdies die Logos einiger globaler Konzerne gezeigt würden. Der Stern richte sich gegen die Politik Israels, das innerhalb seiner Grenzen und in den besetzten Gebieten «Apartheid» praktiziere. «Friedlich gegen Israels rassistische Innen- und Außenpolitik zu protestieren ist nicht antisemitisch», ließ er wissen. Zudem verwies er darauf, dass er jüdische Freunde und eine jüdische Schwiegertochter habe.

Einen zusätzlichen faden Beigeschmack erhält die Angelegenheit dadurch, dass Waters beispielsweise 2013 in Frankfurt am Main das Konzert in einem langen schwarzen Ledermantel, der stark an Bilder von Gestapomännern erinnert, eröffnete, dabei eine rote Armbinde trug und mit einer Maschinenpistole hantierte. Vor allem jedoch greift das aufblasbare Schwein das alte Motiv der «Judensau» (siehe Frage 45) auf, das seit dem Mittelalter in Schmähbildern oder als Relief an Kirchen ebenso wie später als Schimpfwort lange Zeit eine große Rolle im Arsenal des Antisemitismus spielte. Dies dürfte Waters mindestens inzwischen bekannt sein. Seine Fans bejubeln in der Regel den Beginn des Abschlussrituals, wobei offenbleiben muss, ob dies der reinen Gaudi oder dem kalkulierten Tabubruch gilt. Jüngste Versuche der Städte München und Frankfurt, für 2022/23 geplante Konzerte von Waters zu verbieten, scheiterten vor Gericht.

26. Was hat der Antisemitismus heute mit dem Nationalsozialismus und Holocaust zu tun? Heutiger Antisemitismus ist, auch wenn Nationalsozialismus und Holocaust nicht explizit als Bezugspunkte genannt werden, in weiten Teilen eng auf diese bezogen. Zum einen gibt es Verbindungen alleine schon, weil von 1933 bis 1945 ebenso wie heute vielfach auf die gleichen jahrhundertealten antisemitischen Bilder und Verschwörungsmythen zurückgegriffen wurde – auf eine vermeintliche jüdische Weltverschwörung, auf global aktive reiche Juden, die im Geheimen die Fäden ziehen (siehe Frage 46 und 79), auf Ritualmordlegenden (siehe Frage 41) und anderes mehr. Diese wurden lediglich an die jeweiligen aktuellen Umstände angepasst.

Darüber hinaus gibt es Formen der Judenfeindschaft heute, die sich ausdrücklich auf den Holocaust beziehen. Hierzu gehört die sogenannte Holocaustleugnung ebenso wie Aussagen darüber, dass «die» Juden den Holocaust zu ihrem persönlichen Profit ausnutzen würden (siehe Frage 57) oder dass sie für ihre Verfolgung selbst verantwortlich seien. Diese Formen sind vor allem in Deutschland häufiger anzutreffen, da hierzulande Rechtsextremen und Antisemiten der Holocaust gewissermaßen im Wege steht und sie sich daher an deutscher Schuld und Verantwortung abarbeiten, diese abstreiten oder kleinreden wollen.

In jüngster Zeit hat sich diese Verbindung erneut eindrücklich bei den zahlreichen Demonstrationen der sogenannten Querdenkerszene gezeigt. Hier wurden mit dem von den Nationalsozialisten als Stigmatisierung eingeführten «Judenstern» identische Sterne mit Aufschriften wie «Ungeimpft» getragen (siehe Frage 22). Außerdem kursierten zahlreiche relativierende Holocaust- und NS-Vergleiche. Auch auf Anti-Israel-Demonstrationen finden sich entsprechende Bezugnahmen auf die NS-Vergangenheit, etwa in dem Vorwurf, die Israelis würden die Palästinenser genauso behandeln wie die Nationalsozialisten früher die Juden (siehe Frage 36).

Für viele Opfer antisemitischer Gewalt und Beschimpfungen, für viele Jüdinnen und Juden in Deutschland, ist Antisemitismus letztlich immer auch auf den Nationalsozialismus und Holocaust bezogen, da die eigenen Familien davon betroffen waren, zahlreiche Verwandte ermordet wurden, andere fliehen mussten und nur wenige überlebten. Für sie lässt sich Antisemitismus heute nicht von der Geschichte trennen; antisemitische Vorfälle wirken auf sie deswegen besonders (re-)traumatisierend und einschneidend.

27. Gehört Antisemitismus im Rap zum guten Ton? Der deutschsprachige Rap ist spätestens seit der Verleihung des Musikpreises

Echo im Jahr 2018 an die Rapper Farid Bang (geb. 1986) und Kollegah (geb. 1984) in den Verdacht geraten, ein massives Antisemitismusproblem zu haben. Der Skandal entzündete sich an dem auch am Abend der Preisverleihung performten Song «08/15» mit der Zeile «Mein Körper definierter als von Auschwitzinsassen». Bereits im Vorfeld hat es Diskussionen gegeben, am Abend der Preisgala erhob jedoch einzig der Sänger Campino (geb. 1962), Frontmann der Band «Die toten Hosen», kritisch die Stimme. Andere Künstler wie Marius Müller-Westernhagen (geb. 1948) oder Igor Levit (geb. 1987) gaben nach dem Abend ihre Echos zurück. Im Ergebnis führte der Skandal dazu, dass der kommerziell ausgerichtete Musikpreis abgeschafft wurde. Das Thema Judenhass im Rap war zuvor bereits Thema, erhielt durch den Skandal um die Echo-Verleihung 2018 in Deutschland aber verstärkt Aufmerksamkeit. Da sich der Preis am kommerziellen Erfolg ausrichtete, lenkte er zudem den Blick auf die Haltung der Zielgruppe dieser Musikinhalte, die keinen Anstoß daran zu nehmen scheint.

In zahlreichen Songs, vor allem im Gangsta-Rap, wird mit Versatzstücken antisemitischer Verschwörungsmythen gearbeitet. Der Topos von einer jüdischen Weltverschwörung, gelenkt von einflussreichen jüdischen Financiers, ist vielfach in Form der sogenannten Rothschild-Theorie gegenwärtig (siehe Frage 46), so auch bei dem Rapper Haftbefehl. In seinem 2015 veröffentlichten Song «069» heißt es zum Beispiel: «Rothschild-Theorie, jetzt wird ermordet». Solche antisemitischen Codes sind Teil einer antisemitisch gewendeten, verschwörungsideologisch grundierten Weltsicht, die für etliche Rapper und ihre Musik konstitutiv ist.

Der Echo-Skandal hatte noch eine Nachgeschichte: Kollegah und Farid Bang besuchten später auf Einladung des Internationalen Auschwitz-Komitees die Gedenkstätte Auschwitz-Birkenau. Im Anschluss daran distanzierte sich Kollegah von den kritisierten Textzeilen und sagte, er werde «so etwas nie wieder benutzen». Doch auch danach fiel er mit Äußerungen auf, wie in den Palästinensergebieten geschehe das Gleiche wie in NS-Deutschland «während des Holocaust», die wesentliche Merkmale eines israelbezogenen Antisemitismus aufweisen.

28. Ist Antisemitismus ein deutsches Problem? Der Hass auf Juden, sei es verbal mit Beschimpfungen und Beleidigungen oder sei es mit Gewalt, ist in Deutschland allem Anschein nach in den letzten Jahren allgegenwärtig und nimmt zu. Jüdische Schülerinnen und Schüler werden mitunter monatelang gemobbt; Menschen, die eine Kippa tragen, werden auf offener Straße beschimpft oder geschlagen; die Schaufenster jüdischer Geschäfte und Restaurants werden beschmiert, Synagogen beschossen und judenfeindliche Parolen finden sich vielerorts an Toilettenwänden, auf Ausstellungsplakaten und an Häusern. Im Oktober 2019 zog ein Rechtsextremist in Halle an der Saale an Jom Kippur, dem höchsten jüdischen Feiertag, los, um die in der Synagoge zum Gebet versammelten Gemeindemitglieder zu töten (siehe Frage 19). Dies ist nur ein kleiner Ausschnitt aus einer langen Liste judenfeindlicher Vorfälle in der Bundesrepublik Deutschland in den letzten Jahren. Insofern ist Antisemitismus offenkundig ein massives deutsches Problem. Dies gilt umso mehr, wenn man sich die Geschichte des modernen Antisemitismus anschaut, dessen Wiege in Deutschland stand und der hier mit der Verfolgung und Ermordung der europäischen Juden von 1933 bis 1945 seinen extremen Höhepunkt fand.

Allerdings ist der Hass auf Juden selbstverständlich nicht allein ein Problem in Deutschland, sondern treibt international in vielen Staaten seine Blüten. Antisemitische Verschwörungsmythen haben in zahlreichen Ländern nicht zuletzt während der Coronapandemie weite Verbreitung gefunden. Auch andere Formen antijüdischer Hetze – israelbezogener Antisemitismus zum Beispiel – finden weltweit viele Anhänger. Gewalt gegen Juden gehört vielerorts zum Alltag. Für Schlagzeilen sorgte die Geiselnahme in einem koscheren Supermarkt in Paris am 9. Januar 2015, bei der der Geiselnehmer vier Juden ermordete. In den USA ermordete im Oktober 2018 ein Mann in einer Synagoge in Pittsburgh elf Jüdinnen und Juden. Nicht zuletzt kommt es in Israel immer wieder zu Anschlägen etwa im öffentlichen Nahverkehr, die letztlich judenfeindlich motiviert sind, treffen sie doch gezielt Jüdinnen und Juden.

Antisemitismus ist daher ein weltumspannendes Problem, das sich in vielen Gesellschaften auch in Gewalt entlädt. Gleichwohl sprechen die bisherigen Bundesregierungen, nicht zuletzt mit Blick auf die deutsche Geschichte, von einer besonderen Rolle und Verantwortung Deutschlands beim Schutz jüdischen Lebens, bei der Bekämpfung des Antisemitismus und der Solidarität mit Israel. Kritiker wenden mitunter polemisch ein, in Deutschland gelte den toten Juden mehr Interesse als den lebenden.

29. Wer ist Horst Mahler? Horst Mahler (geb. 1936) ist eine schillernde Persönlichkeit des politischen Extremismus, der zwischen der extremen Rechten und Linken wanderte. Während seines Jurastudiums in der zweiten Hälfte der 1950er Jahre gehörte er einer schlagenden Verbindung an, dann jedoch dem Sozialistischen Deutschen Studentenbund (SDS), der später die Proteste der sogenannten 68er mit anführte. Mahler war ein erfolgreicher Rechtsanwalt und vertrat überwiegend Mandanten aus der linken Szene und aus der Außerparlamentarischen Opposition. Zu seinen Mandanten gehörten Fritz Teufel (1943–2010) und Rainer Langhans (geb. 1940) von der Berliner Kommune I, der Studentenführer Rudi Dutschke (1940–1979) sowie die Terroristen Andreas Baader (1943–1977) und Gudrun Ensslin (1940–1977).

Mahler radikalisierte sich zusehends und gehörte später zur Terrorgruppe Rote Armee Fraktion (RAF). Gemeinsam mit anderen führenden Mitgliedern erhielt er 1970 eine militärische Ausbildung in einem Camp der palästinensischen Terrorgruppe Fatah (Bewegung zur nationalen Befreiung von Palästina), einer radikalantisemitischen Bewegung. Sie lehnte ein Existenzrecht Israels gleich welcher Art ab und kämpfte mit Terroranschlägen gegen Israel, indem sie Juden weltweit zum Ziel ihrer Gewalt machte. Mahler teilte weitgehend die Ziele, er setzte Zionismus und Nationalsozialismus gleich, ein klassisches Mittel des sekundären Antisemitismus (siehe Frage 8), und befürwortete die Mordaktionen der Fatah.

1970 wurde Mahler verhaftet, 1974 sagte er sich von der RAF los. Er wurde 1980 vorzeitig aus der Haft entlassen und verhielt sich lange Zeit unauffällig. Erst Ende der 1990er Jahre wurde seine Radikalisierung nach rechts augenfällig, da er nun publizistisch mit antisemitischen und den Holocaust relativierenden Artikeln in Erscheinung trat. 2000 kam er zur rechtsextremen Nationaldemokratischen Partei Deutschlands (NPD), die er jedoch nach nur drei Jahren wieder verließ. In der Folgezeit trat er zunehmend als radikaler Leugner des Holocaust auf und suchte den Schulterschluss mit anderen prominenten Holocaustleugnern. Gemeinsam mit ihnen gründete er 2003 den Verein zur Rehabilitierung der wegen Bestreitens des Holocaust Verfolgten, der 2008 als verfassungsfeindlich verboten wurde.

Neben der Leugnung des Holocaust vertritt Mahler antisemitische Weltverschwörungsfantasien und wandte sich der sogenannten Reichsbürgerszene zu, die die Existenz der Bundesrepublik Deutschland in Abrede stellt und einem vermeintlichen Fortbestand des 1945 untergegangenen Deutschen Reichs das Wort redet. Mahler wurde mehrfach wegen seiner Aktivitäten, insbesondere wegen der Leugnung des Holocaust, als Volksverhetzer zu Haftstrafen verurteilt. 2017 versuchte er erfolglos, sich durch Flucht nach Ungarn einer erneuten Haft zu entziehen. Ende Oktober 2020 wurde er entlassen. Da er aus der Haft heraus antisemitische E-Mails unter anderem an Mitglieder des Zentralrats der Juden in Deutschland verschickte, in denen er auch den Holocaust leugnete, fand 2022/23 ein erneutes Verfahren wegen Volksverhetzung gegen ihn statt.

Judenfeindliche Einstellungen und über weite Strecken ein manifester Antisemitismus gehörten zu den weltanschaulichen Konstanten in Mahlers Denken – unabhängig davon, ob er sich in linken bzw. linksextremen Kreisen oder im rechtsextremen und neonazistischen Milieu bewegte.

30. Kam mit den Geflüchteten der Antisemitismus zurück ins Land? Als 2015 immer mehr Menschen aus Syrien, Afghanistan und anderen Ländern über die sogenannte Balkanroute Richtung Mitteleuropa und Deutschland flohen, dauerte es nicht lange, bis auch die Befürchtung geäußert wurde, mit den Geflüchteten komme auch ein neuer Hass auf Juden ins Land, man importiere gleichsam einen Antisemitismus muslimischer oder islamistischer Spielart. Diese Sorge, die keinesfalls nur oder vor allem von politisch einschlägig verdächtiger Seite vorgebracht wurde, gründete auf dem Umstand, dass in den Heimatländern seit Jahrzehnten der Hass auf Israel und auf Juden gepflegt und vermittelt wurde. Vertreterinnen und Vertreter jüdischer Gemeinden und Verbände äußerten Befürchtungen, auch aus der Politik gab es solche Stimmen. Rechtspopulisten und -extremisten verbanden solche Sorgen mit ihrer rassistischen Verunglimpfung von Muslimen und Geflüchteten. Befeuert wurde die Debatte durch Einzelfälle vermeintlicher oder tatsächlicher Übergriffe von Geflohenen gegen Jüdinnen und Juden. Bis heute bewegt sich die Diskussion dieses Themas zwischen den Polen eines rassistisch aufgeladenen Generalverdachts gegen alle Flüchtlinge und einer in Reaktion darauf pauschalen Zurückweisung jedweder Befürchtung.

Wissenschaftlich fundierte Studien, die Aufschluss über die tatsächliche Problemlage bieten, gibt es bislang kaum. Erste Untersuchungen zeichnen kein eindeutiges Bild. Sie zeigen zwar, dass antijüdische Stereotype unter dieser Personengruppe durchaus verbreitet sind, ein festgefügtes antisemitisches Weltbild jedoch seltener anzutreffen ist. Hier ist sicherlich noch weitere Forschungsarbeit zu leisten. Es gilt jedoch auch der Gefahr entgegenzutreten, dies isoliert zu betrachten und vom Gesamtproblem des Antisemitismus in der bundesdeutschen Gesellschaft abzulenken. In den letzten Jahren registrierten Polizei und Meldestellen zwar eine Zunahme antisemitischer Übergriffe und Gewalttaten. Bei allen Schwierigkeiten, mit denen diese Statistiken behaftet sind (siehe Frage 15 und 16), zeigen sie dennoch unisono eines: Antisemitisch motivierte Straftaten werden zu über 90 Prozent von rechtsextremen Täterinnen und Tätern verübt, die nicht erst jüngst zugewandert sind und auch sonst keinen sogenannten Migrationshintergrund haben. Auch für andere Äußerungsformen von Judenhass lässt sich nicht feststellen, dass hier Zuwanderer dominant aktiv sind.

Das Bild eines «importierten Antisemitismus», das seit 2015 vielfach beschworen wird, geht auch aus anderen Gründen fehl. Es impliziert die Vorstellung eines muslimischen oder islamistischen Antisemitismus, der mit den Menschen nun als neues Phänomen ins Land komme. Dabei bleibt im Unklaren, ob der Antisemitismus muslimisch sein soll, weil er religiös aus dem Islam heraus begründet werde oder weil es Muslime seien, die diesen Vorstellungen anhingen. Tatsächlich müsste man von einem Re-Import sprechen, denn Antisemitismus wurde größtenteils aus dem Westen in die arabische Welt getragen und umfasst die bekannten Strukturmerkmale wie Verschwörungstheorien und antimoderne Ideologeme (siehe Frage 18).

31. Ein kritisches Wort über Israel und schon ist man Antisemit? Die Bewertung der israelischen Politik ist bereits seit mehreren Jahrzehnten ein wichtiges Streitthema, wenn es um Antisemitismus geht. Dies hat sich seit dem sogenannten Sechstagekrieg 1967 erheblich verschärft und ist zu einem globalen Phänomen geworden. Damals hat die israelische Armee im Krieg gegen Jordanien und Ägypten unter anderem den Ostteil Jerusalems sowie das Westjordanland besetzt. Darauf folgte der Bau von jüdischen Siedlungen in diesen Regionen. Dies und die daraus erwachsenen fortdauernden palästinensisch-israelischen Konflikte, die immer wieder in Terroranschlägen von palästinensischer Seite und drakonischer Gewalt seitens israelischer Sicherheitskräfte kulminierten, haben weltweit zu einer zunehmenden Verschmelzung von Antizionismus und Antisemitismus geführt – in unterschiedlicher Ausprägung in der politischen Linken sowie in islamistischen Kreisen und darüber hinaus in der arabischen Welt. Mit der Zeit hat sich daraus auch das Phänomen eines sich als «Israelkritik» gebenden Antisemitismus entwickelt. Diese Spielart des Antisemitismus ist in Deutschland ein gesamtgesellschaftliches Phänomen durch alle politischen Lager hindurch.

Auf der einen Seite haben sich antisemitische Äußerungen, die sich hinter einer vermeintlichen Kritik an israelischer Politik verstecken, zu einer beliebten Methode entwickelt; auf der anderen Seite begegnen manche fast jeder «Israelkritik» leichtfertig mit einem Antisemitismusvorwurf, um sie so zu delegitimieren. Für sie ist Antisemitismus zu einem politischen Kampfbegriff geworden. Beides behindert sachliche Debatten über Israels Politik gegenüber den Palästinensern einerseits und Antisemitismus andererseits erheblich. Erschwerend kommt hinzu, dass es nicht immer ganz einfach ist, ehrlich gemeinte, sachorientierte Kritik an israelischen Maßnahmen von Antisemitismus trennscharf zu unterscheiden.

Bemühungen, den auch durch Social-Media-Plattformen wie Twitter zusätzlich vergifteten Diskurs zu versachlichen, haben wenig gefruchtet. Der sogenannte 3-D-Test (siehe Frage 32) war ein solcher Versuch. Demnach sei Kritik an Israel als antisemitisch einzustufen, wenn sie Israel delegitimiere, dem Staat Israel also sein Existenzrecht abspreche, ihn dämonisiere oder doppelte Standards anlege. Darüber hinaus kann man sagen, dass sich «Israelkritik» mit Antisemitismus vermischt, wenn man Jüdinnen und Juden in aller Welt für die Politik Israels verantwortlich und verächtlich macht, etwa auch indem man vor Synagogen in Deutschland gegen Maßnahmen Israels in den besetzten Gebieten demonstriert. Es hängt also davon ab, in welchem Zusammenhang und mit welchen Worten man Kritik an Israel übt.

32. Lässt sich Antisemitismus durch einen einfachen Test nachweisen? In Debatten über bestimmte Äußerungen oder Darstellungen ist immer wieder Dreh- und Angelpunkt, wo Antisemitismus anfängt. Meinungsverschiedenheiten darüber werden immer erbitterter, mitunter aggressiv geführt. Manche sehen auf der einen Seite einen inflationären Gebrauch des Antisemitismus-Vorwurfs, andere ein rasantes Wachstum judenfeindlicher Einstellungen und Handlungen. Auch jenseits radikaler Positionierungen tun sich vielfach unüberwindlich scheinende Gräben zwischen Diskursteilnehmern auf. Eine häufig zu beobachtende Ursache für eine Versteifung der Positionen ist eine unmittelbare Verurteilung von jemandem ad personam als Antisemit, wo es womöglich zunächst nur um eine einzelne Äußerung geht, die als antisemitisch eingestuft werden könnte.

Insbesondere in Bezug auf Meinungsäußerungen und Bewertungen im Kontext des sogenannten Nahostkonflikts und der Politik der israelischen Regierung oder des Verhaltens israelischer Soldatinnen und Soldaten zeigt sich eine inzwischen überaus verhärtete Auseinandersetzung – pauschale und mitunter vorschnell erhobene Antisemitismusvorwürfe auf der einen Seite und notorischer Judenhass auf der anderen Seite, der sich als Kritik an Israel oder Eintreten für Menschenrechte gibt. Nicht jeder Vorwurf geht freilich ins Leere, ebenso wenig verbirgt sich hinter jeder Kritik oder jedem Eintreten für die Rechte der Palästinenser Antisemitismus. Der israelische Politiker Natan Sharansky (geb. 1948) hat daher den sogenannten Drei-D-Test entwickelt. Seine Kriterien sind Dämonisierung, doppelte Standards und Delegitimierung. Mit Hilfe dieses «Tests» könne man, so die Hoffnung, legitime Kritik von Antisemitismus unterscheiden. Demnach seien Äußerungen als antisemitisch einzustufen, wenn ihnen eine Dämonisierung der Politik Israels zugrunde liege, sie zum Beispiel mit dem NS-Regime gleichgesetzt würde; wenn man doppelte Standards anlegen würde, bei der Beurteilung palästinensischer Politik zum Beispiel andere Kriterien anlege als bei der der israelischen Regierung; und schließlich wenn man Israel delegitimiere, also dem Staat Israel pauschal sein Existenzrecht abspricht. Zwar wurde gegen die Kriterien des «Tests» eingewandt, sie seien nicht spezifisch für Antisemitismus, sondern funktionierten auch in anderen Kontexten, dennoch wurde dem «Test» nicht abgesprochen, ein erstes einfaches Mittel zu sein, zwischen antisemitischen Äußerungen und legitimer Kritik zu unterscheiden und so einen Beitrag zur Versachlichung des Diskurses zu leisten.

33. Gäbe es ohne Israel keinen Antisemitismus mehr? So wie Antisemitismus keine Juden braucht, hängt er auch nicht von der Existenz Israels ab. Im Laufe der Geschichte hat sich der Judenhass immer auch dort gehalten, wo die jüdische Bevölkerung entweder auf lange Zeit vertrieben oder gar ermordet worden war, nicht zuletzt weil er in christlicher Volksfrömmigkeit und in Ritualen lebendig gehalten wurde. Auch in einer zunehmend säkularisierten Welt hat sich Judenfeindschaft unabhängig von der Präsenz von Juden gehalten. Nach dem Holocaust sprach man daher mit Blick auf manche europäischen Länder von einem Antisemitismus ohne Juden (siehe Frage 13), etwa in Bezug auf Polen nach 1967/68. Auch in Deutschland brauchen Antisemiten keine sichtbare jüdische Gemeinschaft vor Ort, um ihrem Judenhass zu frönen. Dieser richtet sich dann unter anderem gegen jüdische Friedhöfe oder gegen Mahnmale und Gedenkstätten, die an die Verfolgung und Ermordung der Juden erinnern. Es hat sich so eine neue Form von Antisemitismus gebildet – der sogenannte sekundäre Antisemitismus (siehe Frage 8).

Ähnlich verhält es sich mit Israel. Ein wachsender Teil des weltweiten Judenhasses fokussiert sich auf Israel bzw. speist sich aus tatsächlichen, zugespitzt dargestellten oder erfundenen Ereignissen und Übergriffen in der Region. Dies ist in manchen Bereichen jedoch nur vorgeschoben und eine notdürftige Tarnung eines Antisemitismus, der sich gegen alle Juden weltweit richtet. Überdies kommen wichtige Formen des Antisemitismus ganz ohne Israel aus, etwa vonseiten Rechtsradikaler und Neonazis oder die in manchen Kreisen noch immer virulente christlich-fundamentalistische Judenfeindschaft.

34. Sind Boykottaufrufe gegen Israel per se antisemitisch? Diese Frage trifft einen Nerv vieler erbitterter heutiger Auseinandersetzungen um Antisemitismus, zumal Boykottaufrufe – vor allem auch in Deutschland – unweigerlich an die Boykottaktion der Nationalsozialisten am 1. April 1933 denken lassen. Im Mittelpunkt heute steht dabei, ob genannt oder ungenannt, die Bewegung BDS. Die Abkürzung steht für «Boycott, Divestment and Sanctions», also für Boykott, Desinvestition oder Kapitalabzug und Sanktionen. Die BDS-Organisation wurde 2005 gegründet. In ihr fanden sich über 170 mehrheitlich palästinensische Organisationen zusammen, die mit den namensgebenden Mitteln drei Ziele erreichen wollten und wollen: ein Ende der «Besetzung und Kolonisation allen arabischen Landes», völlige Gleichberechtigung der arabisch-palästinensischen Bevölkerung in Israel sowie ein Rückkehrrecht für alle palästinensischen Flüchtlinge. Außerhalb des Nahen Ostens hat die BDS-Bewegung ihre Schwerpunkte in den USA und Großbritannien, in Deutschland ist die Organisation seit einigen Jahren vor allem in hitzigen Debatten präsent.

Der Deutsche Bundestag verurteilte 2019 die BDS-Bewegung mit breiter Mehrheit als antisemitisch und forderte daher, sie von staatlicher finanzieller Förderung auszuschließen, ebenso Organisationen und Einrichtungen, die die BDS-Kampagne aktiv unterstützen. Hiergegen regte sich lautstarker Protest, der sich vor allem dagegen richtete, die BDS-Bewegung pauschal als antisemitisch einzustufen. Vielmehr sei die Organisation gewaltfrei, antirassistisch und orientiere sich an den Menschenrechten. Überdies gibt es Distanzierungen von antisemitischen Manifestationen wie denen rund um den al-Quds-Tag in Berlin (siehe Frage 38).

Die Antisemitismusforscher Klaus Holz und Thomas Haury machen mit Blick auf die Kernforderungen der BDS-Bewegung auf zentrale Probleme aufmerksam: Es bleibe diffus, welche Gebiete genau gemeint werden, die «befreit» werden sollen – ganz Israel oder die seit 1967 besetzten Gebiete. Die Forderung nach Gleichberechtigung reagiere durchaus auf reale Diskriminierungen, die eher zu- als abgenommen hätten, blende aber die fehlende Gleichberechtigung der Palästinenser in den arabischen Staaten der Region aus. Überdies gehörten zur BDS-Bewegung mit der Hamas und anderen Organisationen Akteure, die eindeutig antisemitisch und antidemokratisch seien und mit Gewalt gegen Israel und seine Bevölkerung agieren. Die Forscher kommen zu dem Schluss, dass die BDS-Bewegung nicht per se antisemitisch sei, erhebliche Teile davon aber sehr wohl. Zugleich sehen sie in pauschalen und inflationär gebrauchten Antisemitismusvorwürfen gegen die BDS-Bewegung und alle ihre Positionen ein Problem.

Die Auseinandersetzungen um die BDS-Bewegung werden mit zunehmender Vehemenz geführt und überlagern inzwischen viele Debatten wie beispielsweise auch die um die sogenannte Jerusalemer Erklärung (siehe Frage 9). Darin haben Wissenschaftlerinnen und Wissenschaftler und andere den Versuch einer präziseren Definition des Antisemitismus unternommen und Leitsätze für die Einschätzung entwickelt, wann «Israelkritik» per se antisemitisch ist und wann nicht. Diesem durchaus als Versuch einer Versachlichung der Debatte zu wertenden Vorstoß wurde vorgeworfen, BDS-Positionen zu vertreten.

35. Gehört die Tabuisierung einer Kritik an Israel zur Staatsräson der Bundesrepublik? Am 18. März 2008 sprach die damalige Bundeskanzlerin Angela Merkel (geb. 1954) im israelischen Parlament und sagte unter anderem mit Bezug auf die Grundinteressen Deutschlands (Staatsräson): «Diese historische Verantwortung Deutschlands ist Teil der Staatsräson meines Landes. Das heißt, die Sicherheit Israels ist für mich als deutsche Bundeskanzlerin niemals verhandelbar.» Das war nichts Neues, erfuhr aber sehr große Aufmerksamkeit, nicht allein wegen dieser Worte, sondern auch weil sie die erste ausländische Regierungschefin war, die im israelischen Parlament sprach. Die Bundesrepublik Deutschland hat, das wurde immer betont, besondere Beziehungen zu Israel. Dies hat seinen Grund vor allem in der Geschichte. Die Verfolgung und Ermordung der europäischen Juden im Holocaust nahm ihren Anfang in Deutschland und wurde von dort aus organisiert und vorangetrieben. Auch wenn es ausländische Helfer gab, waren es vor allem Deutsche, die Jüdinnen und Juden überall dort, wo man ihrer habhaft werden konnte, ermordeten.

Nach dem Krieg emigrierten viele der überlebenden Juden nach Palästina, wo sie gemeinsam mit der dort schon lebenden jüdischen Bevölkerung den Staat Israel gründeten, der sich als Heimstatt für alle Juden versteht.

Vor diesem Hintergrund haben sich bislang alle Bundesregierungen in besonderem Maße mit offener Kritik an israelischer Politik zurückgehalten und den speziellen Charakter der deutsch-israelischen Beziehungen betont. Auch wenn es kein offizielles oder offen ausgesprochenes Tabu gab, Israel bzw. die israelische Regierungspolitik zu kritisieren, kann man durchaus von einer besonderen Zurückhaltung sprechen. Eine kritische Haltung manifestiert sich unter anderem darin, dass die Bundesrepublik die jüdischen Siedlungen in den besetzten Gebieten als völkerrechtlich illegal einstuft. Meist wird Kritik im Verbund mit anderen Staaten, beispielsweise im Rahmen der EU, geäußert. Abseits von Regierungsvertreterinnen und -vertretern haben einige deutsche Politikerinnen und Politiker jedoch weniger Hemmungen.

36. Behandeln die Israelis die Palästinenser wie die Nationalsozialisten früher die Juden? Schon mit nur oberflächlichen Kenntnissen von der nationalsozialistischen Verfolgungs- und Vernichtungspolitik gegen die europäischen Juden erkennt man eigentlich, wie abwegig die Ansicht, die der Frage zugrunde liegt, ist. Die Ausgrenzung, Verfolgung und schließlich systematische Ermordung der Juden, die NS-Deutschland betrieb, hatte mit bis zu sechs Millionen Opfern eine derartige Dimension, dass sich Gleichsetzungen mit der Lage in Israel und den palästinensischen Gebieten grundsätzlich verbieten. Das wird weder den historischen Fakten noch der komplizierten Gemengelage im Nahen Osten gerecht. Dennoch sind solche Vergleiche und Gleichsetzungen immer wieder zu hören und zu lesen. Laut einer Umfrage waren 2007 circa 30 Prozent der Deutschen der Auffassung, Israel führe «einen Vernichtungskrieg gegen die Palästinenser» und deren Behandlung durch Israel sei nichts anderes als das, «was die Nazis im Dritten Reich mit den Juden gemacht haben».

Die israelische Regierung hat es sich nicht zum Ziel gesetzt, die Palästinenser in ihrem Zuständigkeitsbereich und darüber hinaus alle Palästinenser weltweit zu ermorden. Auch wenn man den Massenmord an den Juden als Vergleichsfolie ausklammert und sich auf die Verfolgungsmaßnahmen der Nationalsozialisten zwischen 1933 und 1939 beschränkt, bleibt bei aller möglichen Kritik, die man an israelischer Regierungspolitik üben kann, der Vergleich unangemessen, historisch falsch und wird der Komplexität nicht gerecht. Ein solcher Vergleich verteilt die Verantwortung für Eskalationen der Gewalt und die Zuspitzung der Krise einseitig und übersieht unter anderem die fatale Rolle von Extremisten sowohl auf israelischer als auch auf palästinensischer Seite. In der Regel geht es den Personen, die derartige Gleichsetzungen vornehmen, auch gar nicht um eine anschauliche und zutreffende Beschreibung der aktuellen Problemlage. Vielmehr sind derartige NS-Vergleiche ein beliebtes Mittel, politische Gegner und andere zu delegitimieren. Gerade in Deutschland oder Österreich dient die Gleichsetzung der israelischen mit der nationalsozialistischen Politik auch einer Relativierung der eigenen Schuld und Verantwortung.

37. Ist «Free Palestine!» die moderne Version von «Juda verrecke»? Der Parole «Free Palestine!» (Befreit Palästina! Freies Palästina!) fehlt die direkte und offenkundig mörderische Dimension, die die antisemitische Parole «Juda verrecke!» unverhohlen transportiert. Gleichwohl wird sie mitunter als antisemitisch gewertet, da sie implizit das Existenzrecht Israels verneint; explizit geschieht dies erst mit einer erweiterten Form, die in verschiedenen Varianten kursiert: «From the river to the sea – Palestine will be free!» (Vom Fluss bis zum Meer – Palästina wird frei sein!). Der darin angedeutete geografische Rahmen vom Fluss Jordan bis zum Mittelmeer ließe für den Staat Israel keinen Raum mehr. Die Recherche- und Informationsstelle Antisemitismus wertet daher die erste kurze Parole nicht als Antisemitismus, die längere Version jedoch schon.

Die klare Einordnung solcher Parolen, die auf Demonstrationen von Palästinensern und sich mit ihnen solidarisierenden Gruppen gezeigt oder skandiert werden, ist nicht immer einfach und umstritten. Dazu zählen auch Sprüche wie «Baby-Mörder Israel» oder «Zionismus – Terrorismus». Der Erstere geht auf uralte antisemitische Ritualmordlegenden zurück (siehe Frage 41), nach denen Juden christliche Kinder für rituelle Zwecke entführt und getötet hätten. Er ist eine Abwandlung der zuvor oft gezeigten Parole «Kindermörder Israel», die die Polizei allerdings häufig im Vorfeld von Demonstrationen verboten hat. Auch Vergleiche der israelischen Maßnahmen mit der Verfolgungs- und Vernichtungspolitik der Nationalsozialisten gegen die jüdische Bevölkerung sind auf derartigen Kundgebungen häufig anzutreffen. Dies sind in aller Regel eindeutig als antisemitisch zu wertende Äußerungen, die im klassischen Stil einer Täter-Opfer-Umkehr Israel vorwerfen, mit den Palästinensern das Gleiche zu machen wie die Nationalsozialisten mit den Juden (siehe Frage 36).

38. Was ist der al-Quds-Tag? Der al-Quds-Tag, ursprünglich 1979 im Iran von Ajatollah Chomeini (1902–1989) initiiert, findet seit Ende der 1980er Jahre international in westlichen Ländern wie den USA und Großbritannien und seit Mitte der 1990er Jahre auch in Deutschland statt. An diesem Tag soll gegen die israelische Präsenz in Ostjerusalem protestiert werden, tatsächlich geht es weit darüber hinaus auch um fundamentalen Protest gegen Israels Existenz.

In Deutschland findet der Hauptprotest an diesem Tag in Berlin statt. Seit einigen Jahren erheben sich hier auch Boykottforderungen gegen Israel. Das Spektrum der Teilnehmenden ist sehr breit und jenseits des Protests gegen Israel, der sie eint, sehr disparat. Anhänger der libanesischen Hisbollah gehören ebenso dazu wie Neonazis. Mehrheitlich bilden Beobachtern zufolge jedoch Muslime den Protestzug, allem Anschein nach iranischer, türkischer und arabischer bzw. palästinensischer Herkunft.

Gegen den al-Quds-Tag regt sich Protest aus dem gesamten

demokratischen Spektrum, auch werden immer wieder Forderungen nach einem Verbot des Aufmarsches erhoben. Diese beziehen sich in erster Linie auf Parolen, die Israel das Existenzrecht absprechen, Zeichen der Unterstützung der Hamas und Aufrufe zu Gewalt gegen Juden. 2022 schließlich untersagte die Berliner Polizei die Demonstration und Ersatzveranstaltungen, da die unmittelbare Gefahr bestehe, dass völkerverhetzende, antisemitische Parolen sowie Gewaltverherrlichungen damit einhergehen würden.

Erheblich aufgeheizt wird die Situation an diesem Tag durch tatsächliche oder vermeintliche Eskalationen im palästinensisch-israelischen Konflikt. Hierauf beziehen sich zahlreiche Parolen und Plakate.

39. Wird an palästinensischen Schulen Judenhass gelehrt? Vor einigen Jahren sind palästinensische Schulbücher in die Kritik geraten, da dort Judenhass gelehrt würde. Für zusätzliche Aufregung sorgte der Umstand, dass diese über die Europäische Union (EU) zum Teil mit deutschen Steuergeldern finanziert worden waren, also im Raum stand, die Bundesrepublik würde Antisemitismus und die totale Negierung des Existenzrechts Israels unterstützen.

Konkret geht es darum, dass Fünftklässlern vermittelt würde, Juden hätten versucht, den Propheten Mohammed zu töten. Sie seien Feinde des Islam und würden dies immer bleiben. In der neunten Klasse wird gelehrt, Israel verseuche die palästinensischen Gebiete radioaktiv, um Krebserkrankungen unter der Bevölkerung zu verbreiten. Antijüdische Inhalte durchziehen alle Fächer, selbst in Physik- und Mathematik-Lehrwerken werden Aufgaben anhand judenfeindlicher Beispiele gestellt. Auf Landkarten in Lehrwerken tauchte der Staat Israel gar nicht auf und auch der Holocaust war an keiner Stelle Thema.

Das Problem solcher Inhalte in palästinensischen Schulbüchern ist bereits lange bekannt. Trotz geäußerter Kritik und Protesten aus Brüssel wurden in Neuauflagen mitunter Verschärfungen statt

Korrekturen vorgenommen. Die EU hat daraufhin eine Studie in Auftrag gegeben und 2022 die Mittel für Schulen, die vom Hilfswerk der Vereinten Nationen für palästinensische Flüchtlinge im Nahen Osten unterstützt werden, um 40 Prozent gekürzt. Dies betrifft die meisten palästinensischen Schulen in der Region.

Untersuchungen israelischer Geschichtsbücher haben ergeben, dass diese mitunter ein zumindest einseitiges Bild der israelischen und palästinensischen Geschichte zeichneten. So wurden Studien aus den 1990er Jahren zufolge ausschließlich Palästinenser und Araber für das Schicksal der Flüchtlinge verantwortlich gemacht, ihre Zahl kleingeredet und anderes mehr. Solche Verzerrungen historischer Sachverhalte haben jedoch eine andere Qualität als die in den palästinensischen Schulbüchern festgestellte antisemitische Grundhaltung.

Stoffe und Stereotype

40. Versuchten Juden immer wieder, Jesus symbolisch zu töten? Kern des christlichen Antijudaismus war die Tatsache, dass die Juden Jesus nicht als den prophezeiten Messias anerkannten und die Christen die Juden für seine Kreuzigung verantwortlich machten. Daraus erwuchs im Mittelalter ein weiterer antijüdischer Vorwurf, nachdem 1215 durch das Vierte Laterankonzil festgeschrieben wurde, dass beim Abendmahl das Brot bzw. die Hostie tatsächlich zum Fleisch und der Wein zum Blut Jesu werde. Aus dieser Transsubstantiation genannten verbindlichen Lehre der Kirche entstand die Legende von der Hostienschändung durch Juden. Ihr zufolge würden Juden immer wieder versuchen, in Besitz von Hostien zu kommen, um daran ihren Gottesmord zu wiederholen, indem sie die Hostien mit spitzen Gegenständen durchbohren.

Zwar gab es solche Legenden bereits zuvor, größere Verbreitung fanden sie jedoch erst nach der Etablierung dieser Lehre mit einem angeblichen Vorfall 1290 in Paris: Demnach soll ein Jude eine Hostie gekauft haben und sie gemeinsam mit anderen durchstochen haben, bis schließlich Blut zum Vorschein kam. Solche Geschichten verbreiteten sich in Variationen in den folgenden Jahren in Süddeutschland und Österreich und bald schon weit darüber hinaus. Wie so oft blieb es nicht beim bloßen Erzählen solcher Legenden – sie boten vielmehr einen Anlass für Pogrome (siehe Frage 14), die mehrere tausend Opfer forderten. Der bekannteste und weitreichendste spielte sich 1298 unter Führung eines Mannes namens Rintfleisch in Franken ab. Der Vorwurf des Hostienfrevels erhielt seinen festen Platz im Kanon des christlichen Judenhasses und blieb über Jahrhunderte hinaus wirksam. Mancherorts finden sich bis heute Darstellungen vermeintlicher Hostienfrevel in Kirchen und Kapellen.

41. Inwieweit hat eine alte Legende von 1144 für Juden weltweit noch heute spürbare Folgen? Die Legende vom Ritualmord an William von Norwich von 1144 gilt als die erste und folgenreichste Ritualmordlegende in Mitteleuropa. Der Vorwurf, Juden würden zu Ostern christliche Kinder entführen und töten, um an ihr Blut zu gelangen, hat über die Jahrhunderte eine weite Verbreitung gefunden und war Ausgangspunkt zahlreicher blutiger Pogrome (siehe Frage 14) gegen Juden. Das Blut, so heißt es in der Legende, diene okkulten Zwecken oder werde für die Herstellung von Mazze, dem Brot, das von den Juden zu Pessach gegessen wird, genutzt.

Diese Ritualmordbeschuldigungen sind fester Bestandteil des Repertoires der Judenhasser vom Mittelalter bis in unsere Tage. Bekannte Pogrome wie beispielsweise der Pogrom im polnischen Kielce im Juli 1946 gehen auf solche Ritualmordbeschuldigungen zurück.

Mancherorts sind solche Ritualmordlegenden bis heute Teil katholischer Volksfrömmigkeit, die sich in Wallfahrten mancher Extremisten zu Orten vermeintlicher Ritualmorde manifestieren. So findet alljährlich im Juli eine Pilgerfahrt nach Rinn in Nordtirol statt. Dort wurde zu Beginn des 17. Jahrhunderts die Legende ersponnen, der zweieinhalbjährige Anderl Oxner sei im Juli 1462 von Juden rituell ermordet worden.

Solche Legenden sitzen zum Teil tief und wirken bis heute nach. Sie werden von Antisemiten immer wieder aufgerufen, zuletzt vielerorts während der Coronapandemie zu beobachten. Antisemitische Verschwörungsmystiker verbreiteten auf Demonstrationen und in anderen Foren zwar abstruse, aber dennoch wirkungsvolle Lügen, die auf der Ritualmordlegende fußten und verknüpft wurden mit antisemitischen Topoi wie einer jüdischen Weltverschwörung.

42. Warum dominierten Juden manche Berufsfelder? Spätestens seit dem 19. Jahrhundert gehört der Vorwurf, bestimmte Branchen und Berufe würden von Juden beherrscht, zum Standardrepertoire der Antisemiten. Insbesondere betraf dies den

Banken- und Finanzsektor, den Handel sowie die Presse. Im 20. Jahrhundert kam in Deutschland der Vorwurf hinzu, auch der Anwaltsberuf, das Kulturleben und die Justiz generell seien in jüdischer Hand, die Ärzteschaft ebenfalls. Die Weimarer Republik wurde als «Judenrepublik» verdammt, da hier jüdische Politiker wie Walther Rathenau (1867–1922) den Ton angeben würden. Tatsächlich waren Juden in einigen dieser Berufsgruppen gemessen an ihrem Anteil an der Gesamtbevölkerung zum Teil deutlich überrepräsentiert. So waren Anfang der 1930er Jahre rund 22 Prozent der zugelassenen Rechtsanwälte Juden, der Anteil der Juden an der Gesamtbevölkerung jedoch betrug unter 1 Prozent. Vor allem in Großstädten wie Berlin war dies noch ausgeprägter. Dagegen machten die Nationalsozialisten und andere nationalistische und antisemitische Gruppierungen mobil. Die Beschränkung von Juden in der Anwalt- und Ärzteschaft gehörte 1933 daher zu einer der ersten antisemitischen Maßnahmen der neuen Regierung unter Hitler.

Der Vorwurf der Antisemiten, bestimmte Berufen seien «verjudet», wie es vielfach hieß, war perfide, war doch die jüdische Überrepräsentanz gerade auf antijüdische Diskriminierungen der Vergangenheit zurückzuführen. Juden blieben im Mittelalter das Handwerk und viele andere Berufe verwehrt, während Christen eine Zeitlang der Geldverleih verboten war, so dass Juden diese Lücke füllten. Öffentliche Ämter blieben ihnen in Deutschland bis zur Emanzipation 1870/71 verwehrt, so dass freie Berufe wie der des Arztes oder Anwalts Auswege für die jüdische Bildungselite darstellten. Im Grunde beklagten die Antisemiten der 1920er und 1930er Jahre also nur lautstark die Folgen dessen, was ihre Vorgänger im Geiste Jahrzehnte und Jahrhunderte zuvor ins Werk gesetzt hatten.

43. Liegt Juden der Umgang mit Geld im Blut? Ein schon etliche Jahrhunderte alter und bis heute hartnäckiger Topos der Judenfeindschaft ist das Stereotyp, Juden hätten eine besonders enge Beziehung zum Geld, sie seien geldgierig und würden Nichtjuden übervorteilen und ausnehmen. Seit dem Holocaust wurde dies erweitert um den Vorwurf, «die» Juden würden aus dem Holocaust Profit schlagen, durch Wiedergutmachungs- und Entschädigungszahlungen und moralische Erpressungen.

Zurück geht dieses Motiv auf Diskriminierungen der Juden, die mit der Dominanz des Christentums in Europa begannen. Man schränkte die Handels- und Gewerbemöglichkeiten von Juden erheblich ein und zwang sie zunehmend in den Geldverleih, ein Sektor, der Christen seit dem 12. Jahrhundert verboten war. Daher waren Juden in Teilen Europas über lange Zeit hinweg dominant im Geld- und Bankensektor. Dies war eine Arbeit, die, besonders in Mitteleuropa, als unproduktiv und unehrlich verpönt war und der das vermeintlich ehrbare Handwerk und produktive Arbeit gegenübergestellt wurden. Juden wurden als Wucherer oder Wucherjuden, die stark überhöhte Preise und Zinsen berechnen würden, hingestellt; sie würden die Christen aussaugen.

Ab dem 14./15. Jahrhundert fielen die Vorbehalte der Kirche gegen das Kreditwesen Schritt für Schritt und christliche Kaufleute nahmen sich des Geldmarktes an. In Deutschland war dies unter anderen die bekannte Augsburger Kaufmannsfamilie Fugger. Bald schon wurden Juden aus diesem Sektor erheblich zurückgedrängt. Der Lang- und Zählebigkeit des Vorurteils tat dies allerdings keinen Abbruch.

In zahlreichen Pamphleten beschimpfte man Juden als Ausbeuter und Blutsauger und auch in der Literatur war das Thema prominent vertreten. Bekanntestes Beispiel ist die Figur des Shylock in William Shakespeares (1564–1616) Drama *Der Kaufmann von Venedig*, die inzwischen zu einer Chiffre für das Negativbild vom Wucherjuden geworden ist. Auch die Figur des Judas Ischariot, der der biblischen Überlieferung zufolge Jesus für 30 Silberlinge verraten haben soll, wurde als Beispiel eines geldgierigen Juden tradiert und fügte sich hervorragend in andere antisemitische Narrative wie dem von den Juden als Gottesmörder. In den 1980er Jahren sorgte das Theaterstück *Die Stadt, der Müll und der Tod* für heftige Auseinandersetzungen, die sich an der Figur eines raffgierigen jüdischen Immobilienspekulanten entzündeten, die man in dieser Tradition sah (siehe Frage 91).

Die Vorstellung von den Juden als besonders geldgierig und als beherrschende Kraft des Banken- und Finanzsektors hat sich über die Jahrhunderte wirkmächtig gehalten und immer wieder erneuert. Nicht zuletzt im Zuge der sogenannten Gründerkrise 1873 (siehe Frage 71) wurde sie mit Vorstellungen von einer vermeintlichen jüdischen Weltherrschaft bzw. -verschwörung verbunden. Auch die Nationalsozialisten rückten dies ins Zentrum ihrer Weltanschauung und stilisierten sich als entschlossene Gegner des «internationalen Finanzjudentums». Der Kampf gegen die «Zinsknechtschaft» und konkret gegen Warenhäuser in jüdischem Besitz war fester Bestandteil des Parteiprogramms der NSDAP.

Bis heute ist diese Vorstellung aktuell. Sie ist vor allem im Gebrauch mancher antisemitischer Codes (siehe Frage 49) wie «Ostküste», «internationale Finanzelite» oder «Rothschilds» präsent. Das Bild vom geldgierigen Juden gehört damit zum unheilvollen Kanon des Antisemitismus, der seit Jahrhunderten besteht und sich immer wieder aktualisiert.

44. Sind Juden rachsüchtig? Die Vorstellung, Juden seien besonders rachsüchtig und unversöhnlich, gehört zum klassischen Repertoire der Judenfeindschaft seit dem frühen Christentum. Unter anderem bemüht man dafür als Beleg, der Gott des Alten Testaments sei ein unbarmherziger und rächender Gott. Nach dem Holocaust erlebte dies eine neue Blüte. Zunächst grassierte unter Deutschen eine Angst vor Vergeltung vonseiten überlebender Juden. Diese blieb jedoch weitgehend aus. Später verband man das Bild rachsüchtiger und unversöhnlicher Juden mit der Sehnsucht und dem Verlangen nach einem Schlussstrich unter einer kritischen Beschäftigung mit der Geschichte der NS-Diktatur und des Holocaust, indem man Jüdinnen und Juden – freilich aber nicht nur ihnen – vorhielt, irgendwann müsse doch mal genug sein und Versöhnungsbereitschaft an den Tag gelegt werden. Vor allem taucht das Motiv in der Zurückweisung finanzieller Wiedergutmachungs- und Entschädigungsansprüche auf. Inzwischen wendet man den Vorwurf der Unversöhnlichkeit auch auf die Antisemitismusabwehr oder in Bezug auf Israel an.

Auch die Nationalsozialisten nutzten das Vorurteil für sich. In dem Propagandafilm *Jud Süß* von 1940, der ein großer Kinoerfolg wurde, will sich der Protagonist Joseph Süß Oppenheimer an der Christin Dorothea Sturm für die Zurückweisung seiner Heiratsavancen rächen. Ihr Vater hatte eine Ehe mit einem Juden abgelehnt. Als Oppenheimer sie zum Geschlechtsverkehr zwingen will – ein weiteres antisemitisches Vorurteil – und Dorothea um Hilfe betet, sagt Oppenheimer: «Aber nicht nur ihr Christen habt einen Gott. Wir Juden haben auch einen. Das ist der Gott der Rache. Auge um Auge, Zahn um Zahn.» Als im Zweiten Weltkrieg zunehmend deutlicher wurde, dass NS-Deutschland den Krieg nicht mehr gewinnen konnte, schürte man die Angst vor «jüdischer Rache», die, so gab man der Bevölkerung implizit zu verstehen, für die Ermordung der Juden drohe.

Das Motiv der Rache spielte aber naturgemäß auch abseits judenfeindlicher Bilder eine Rolle. So waren Rache bzw. Vergeltung in Reaktion auf den Holocaust durchaus Motive, die jüdische Kämpferinnen und Kämpfer zum aktiven Widerstand gegen ihre Verfolger motivierten. Oft waren es junge Leute, die aus den zionistischen Jugendorganisationen kamen, die entschlossen waren, sich den Deutschen entgegenzustellen und zu kämpfen. Dabei spielte der Rachegedanke eine große Rolle. Es ging ihnen um Vergeltung für die Ermordung der eigenen Angehörigen, aber darüber hinaus für den Massenmord an jüdischen Kindern, Frauen und Männern insgesamt. Nach dem Krieg fanden sich Überlebende zusammen, die am Gedanken einer Vergeltung festhielten und deutsche Täter oder auch ihre Helfer in den ehemals besetzten Ländern aufspürten und töteten. Unter anderen hat sich hier Abba Kovner (1918–1987) hervorgetan. Er hatte im Ghetto Wilna und außerhalb als Partisanenführer gegen die Deutschen gekämpft und die Wilnaer Juden aufgerufen, zu kämpfen. Nach dem Krieg führte er die Gruppe Nakam (dt. Rache) an, die deutsche Täter zur Verantwortung ziehen wollte.

Das Motiv der Vergeltung griff Quentin Tarantino (geb. 1963) in seinem preisgekrönten Film *Inglorious Basterds* auf, der 2009 in die Kinos kam und ein großer Erfolg wurde. Im Mittelpunkt steht eine jüdische Kampfgruppe, die in Frankreich hinter den Kampflinien der Deutschen abgesetzt wurde und deren Auftrag die Tötung möglichst vieler uniformierter Deutscher war.

45. Warum ist «Judensau» ein besonderes Schimpfwort? Der Begriff ist ein sehr altes Schmähwort gegen Juden, das in Variationen wie «Judenschwein» und «Saujude» bis heute in Gebrauch ist. Diese Verunglimpfung geht weit über das Verbale hinaus und findet – ebenfalls seit etlichen Jahrhunderten – Ausdruck in bildlichen Darstellungen ebenso wie in anderen Darstellungsformen. An der Wittenberger Stadtkirche zum Beispiel prangt seit circa 1300 bis heute ein Reliefbild, das eine Sau zeigt, die mit ihren Zitzen als Juden markierte Personen säugt. Eine als Rabbi dargestellte Figur hebt den Schwanz des Tieres an und schaut ihm in den After. Solche judenfeindlichen Darstellungen finden sich an weiteren Kirchen in Deutschland.

Säue oder Schweine spielen bis heute in antisemitischen Aktionen eine Rolle. Immer wieder wurden Schweineköpfe auf jüdischen Friedhöfen platziert, Grabsteine mit dem Begriff beschmiert und Ähnliches mehr. Dass Judenhasser auf den Begriff und das Bild der Sau oder des Schweins zurückgriffen und -greifen, ist kein Zufall. Im Judentum gilt das Tier als unrein, was dieser Schmähung eine besondere Dimension verleiht, insbesondere auch im Zusammenhang mit Friedhofsschändungen. Das Schwein galt nicht nur als Verkörperung von Zügellosigkeit, auch sexuell, sondern zugleich als Zeichen des Teufels. In der Reliefdarstellung verbinden sich somit judenfeindliche Vorstellungen von den Juden als Kinder des Teufels (siehe Frage 63) mit denen von Juden als zügellosen unreinen Menschen.

Bis in unsere Tage gibt es Streit über den Umgang mit solchen

Darstellungen wie der Plastik an der Wittenberger Kirche. Dort, wie auch andernorts, entschied man sich für einen Erhalt als historisches Zeugnis und bemühte sich um eine kritische Kontextualisierung, indem beispielsweise distanzierende und aufklärende Informationstafeln angebracht wurden. Diese Praxis ist bei Juden wie Nichtjuden umstritten. Manche unterstützen sie und sehen in einer potentiellen Entfernung solcher antijüdischen Darstellungen eine Flucht der Kirchen aus ihrer historischen Verantwortung. Andere protestieren vehement gegen diese Form der öffentlichen Präsentation und fordern die Entfernung, häufig verbunden mit dem Vorschlag, solche Reliefs in einem Museum als Zeugnis des christlichen Antijudaismus zu zeigen. Versuche, eine Entfernung per Gerichtsbeschluss zu erwirken, wurden bislang von deutschen Gerichten zurückgewiesen.

46. Beherrscht in Wirklichkeit eine Familie die Welt? Vorstellungen, dass in Wirklichkeit ein kleiner Personenkreis im Verborgenen die Welt kontrolliert, sind durchaus verbreitet und reichen weit zurück. In der Regel handelt es sich dabei um antisemitische Verschwörungslegenden. In besonderer Weise hat dabei die weit verstreute jüdische Familie Rothschild die Fantasie der Antisemiten beflügelt. In ihr schien sich der Weltverschwörungsmythos idealtypisch mit dem Stereotyp des internationalen Finanzjudentums und des geldgierigen Juden zu verbinden.

Die Rothschilds waren eine Frankfurter jüdische Familie, die seit dem 18. Jahrhundert im Bankwesen aktiv war. Die von Mayer Amschel Rothschild (1744–1812) gegründete Bankdynastie stieg im 19. Jahrhundert zur größten Bank der Welt auf. Sie war über die Söhne Rothschilds auf ganz Europa verteilt und hatte große Dependancen in London, Neapel, Paris und Wien.

Auch die Nationalsozialisten griffen auf die Rothschilds für ihre antisemitische Propaganda zurück. In dem Film *Die Rothschilds* von 1940 entstellten sie die Familie zu einer Bande raffgieriger Menschen, die ihnen anvertrautes Geld veruntreuten und durch gezielte Gerüchte die Börsen manipulierten und so ihr Vermögen verdient hätten. Dies sei die Basis für die Erlangung der Kontrolle über ganz Europa gewesen. Dabei griff man auf Unterstellungen und Legenden zurück, die im 19. Jahrhundert über Nathan Rothschild (1777–1836) kursierten. Der Bankier habe in London mit einem vermeintlichen Wissensvorsprung über Napoleons Niederlage bei Waterloo die Börse manipulieren und erhebliche Gewinne einstreichen können.

Bis heute wird die Legende einer Rothschild-Verschwörung vielfach bemüht. Die in Syrien produzierte 29-teilige Serie *Asch-Schatat* (dt. Die Diaspora) beispielsweise zeigte eine vermeintliche Geheimsitzung von Zionisten unter Rothschilds Leitung. Dort habe man den Ausbruch des Zweiten Weltkriegs gefeiert und diskutiert, wie die Ermordung der Juden genutzt werden könne, die Gründung eines Staates Israel zu legitimieren. Die Teilnehmer der Sitzung beriefen sich unter anderem auch auf die *Protokolle der Weisen von Zion* (siehe Frage 79), womit zwei zentrale Weltverschwörungsmythen ineinander verschmolzen. Die Serie ist im Stil einer Dokumentation gehalten und wurde weit über Syrien hinaus ausgestrahlt.

Der Rothschild-Mythos ist jenseits des arabischen Raums auch heute noch wirkmächtig und funktioniert als antisemitischer Code (siehe Frage 49). In Verschwörungserzählungen und auf Demonstrationen während der Coronapandemie wurde er vielfach bemüht. Auch im Rap begegnet er einem immer wieder (siehe Frage 27).

47. Ist Antisemitismus eine Ideologie des Neids? Neid spielte, darin sind sich viele Forscherinnen und Forscher einig, eine sehr große Rolle in der Entstehung und Entwicklung des Antisemitismus seit Ende des 18. Jahrhunderts. Wichtig ist zudem die historische Konstellation Ende des 18., Anfang des 19. Jahrhunderts: die vergeblichen Anläufe zu einem deutschen Nationalstaat, der Abwehrkampf gegen die napoleonische Herrschaft und damit einhergehend auch gegen eine Besserung der Rechtsstellung der jüdischen Bevölkerung. Der Untergang der alten Ständegesellschaft war in der Wahrnehmung der meisten Deutschen vor allem eine Geschichte des Verlusts, rechtlich wie materiell. Juden jedoch hatten, so Götz Aly, «nichts zu verlieren, in der Zukunft alles zu gewinnen». Sie wussten ihre Chancen, gestützt auf eine breitverankerte Bildungstradition, gut und ideenreich zu nutzen. So gelang ihnen in der Zeit der Emanzipation ein schneller sozialer Aufstieg, der den der Christen überflügelte. Dies befeuerte die tiefsitzenden antijüdischen Einstellungen und ließ Forderungen nach Schutzmaßnahmen laut werden. Diese hatten jedoch nicht die erhoffte Wirkung, was, so Aly, das eigene Unvermögen umso deutlicher zutage treten und Minderwertigkeitsgefühle aufkommen ließ, was dem Hass auf die Juden eine zusätzliche gefährliche Schärfe verlieh.

Dieser hier leicht vereinfacht dargestellte Mechanismus – kein Automatismus – verschärfte sich nach dem Ersten Weltkrieg in der Weimarer Republik: Die als nationale Demütigung empfundene Friedensregelung im Versailler Vertrag sowie ökonomische Krisen von erheblicher Wucht wie die Hyperinflation der Jahre 1922/23 wirkten wie Katalysatoren. Hinzu kam, dass inzwischen Rassenideologien an Zulauf gewonnen hatten und mit ihren Theorien den Gegensatz zwischen Juden und Nichtjuden verabsolutierten und zugleich radikale und zunehmend eliminatorische Lösungen eines vermeintlich bestehenden «Judenproblems» nahelegten. Die sich wissenschaftlich gebende Rassentheorie habe, so Aly, «den Hass zur Erkenntnis» veredelt und gesetzliche Maßnahmen begründet. Der NS-Staat habe dann gewissermaßen stellvertretend für den einzelnen Antisemiten die Akteursrolle übernommen.

48. Was ist «der ewige Jude» und was hat das mit Antisemitismus zu tun? In dem Bild vom «ewigen Juden» verschmelzen jahrhundertealte antijüdische Stereotype des christlich begründeten Antijudaismus mit der Rassenideologie eines «modernen» Antisemitismus. Einer antijüdischen Legende zufolge, die seit dem Mittelalter weite Verbreitung fand, verweigerte der jüdische

Schuster Ahasverus Jesus Christus auf seinem Kreuzweg nach Golgatha die Rast und wurde daraufhin verdammt, auf ewig rastlos umherzuwandern. Die Legende wurde in der Frühen Neuzeit popularisiert und weit verbreitet durch etliche Schriften. In dieser Zeit entstand die Bezeichnung «der ewige Jude» für den Schuster Ahasverus. Im Laufe der weiteren Jahrhunderte bezogen christliche Deuter der Legende «ewig» nicht mehr allein auf die Zeit des Umherwanderns, sondern auch auf die vermeintlichen negativen Eigenschaften «des» Juden. So fand das Bild Eingang in zahlreiche theologische und literarische Werke, ohne immer antisemitisch intendiert zu sein.

Die Nationalsozialisten griffen dieses nun schon seit Jahrhunderten so breit popularisierte Bild auf und nannten eine Schmähausstellung, die ab 1937 in zahlreichen Städten gezeigt wurde, «Der ewige Jude». Einen traurigen Höhepunkt erreichte die Verwendung dieser antijüdischen Metapher 1940 mit dem nationalsozialistischen Propagandafilm *Der ewige Jude*. Der Film übersetzte die uralte Ahasverus-Legende bildmächtig in die NS-Rassenideologie, indem er die Juden in Ton und Bild als Ratten auf Wanderschaft darstellte: »Wo Ratten auch auftauchen, tragen sie Vernichtung ins Land, zerstören die menschlichen Güter und Nahrungsmittel. Auf diese Weise verbreiten sie Krankheiten [...]. Sie sind hinterlistig, feige und grausam und treten meist in großen Scharen auf. Sie stellen unter den Tieren das Element der heimtückischen, unterirdischen Zerstörung dar, nicht anders als die Juden unter den Menschen.« Durch eine entsprechende bildliche Inszenierung sollten Ekelgefühle bei den Zuschauerinnen und Zuschauern hervorgerufen werden. Auf diese Weise legte die Filmpropaganda dem Publikum nahe, dass es angesichts der unveränderlichen ewigen Eigenschaften der Juden nur eine Lösung gebe – ihre Vernichtung.

49. Kann man gegen Juden hetzen, ohne von Juden zu sprechen? Antisemiten lieben es, aus der Deckung heraus zu hetzen. Niemand möchte als Antisemit bezeichnet werden, geschweige denn, dass sich jemand als solcher selbst bekennt. Um dennoch gegen Juden hetzen zu können, etablierten Judenhasser im 19. Jahrhundert sogenannte antisemitische Codes. Das sind scheinbar harmlose Schlagworte, die oberflächlich betrachtet nichts mit Juden zu tun haben, die das Publikum dennoch eindeutig als gegen Juden gemünzt versteht. Auf diese Weise lässt sich, mit einem Augenzwinkern, trefflich und ungehemmt gegen Juden hetzen; bei Gegenwehr oder Vorhaltungen kann man treuherzig versichern, man habe doch gar nichts über Juden gesagt. Überdies lassen sich damit immer wieder und immer noch auch Staatsanwaltschaften und Gerichte hinters Licht führen. Dementsprechend weit verbreitet ist die Verwendung dieser antisemitischen Codes.

Diese Codes basieren auf uralten antijüdischen Stereotypen und tradieren diese in abgewandelter und modernisierter Form. Häufig wird auf eine vermeintliche jüdische Weltverschwörung Bezug genommen, mit der eigene finanzielle Interessen zulasten der Nichtjüdinnen und Nichtjuden verfolgt würden. Das alte Schlagwort vom «internationalen Finanzjudentum» und ähnliche andere werden ersetzt durch Codes wie «internationale Hochfinanz», «Wall Street», «die Ostküste», «Globalisten» und andere. Im kommunistischen Herrschaftsbereich waren Begriffe wie «Zionisten» und «Kosmopoliten» geläufige Codes. «Die Rothschilds» – eine alte jüdische Familie, von der manche im Bankenwesen tätig waren (siehe Frage 46) – ist ein Code, der früher wie heute funktionierte und funktioniert und beliebt ist: in antisemitischen Schriften, in Rap-Songs, auf Protestbannern bei Demonstrationen wie zuletzt während der Coronapandemie.

Solch eine Personalisierung des Judenhasses gibt es in mehreren Fällen: So ist der Name von George Soros (geb. 1930) ein vor allem in Ungarn, aber auch in rechtsextremen Parteien anderer europäischer Länder sowie in der Rechten in den USA beliebter antisemitischer Code (siehe Frage 58). Mark Zuckerbergs (geb. 1984) und Bill Gates' (geb. 1955) Namen werden ebenfalls vielfach als antisemitischer Code verwendet. Dabei spielt es keine Rolle, dass der Microsoft-Gründer Gates nicht einmal Jude ist.

Das Motiv der Kindstötung ist ebenfalls eine antisemitische Codierung, die bereits seit Jahrhunderten benutzt wird (siehe Frage 41). Die damit verbundene Ritualmordlegende wurde in Verschwörungserzählungen rund um Corona und Impfungen gegen das Coronavirus aufgewärmt. Das Motiv ist bei Demonstrationen gegen die Politik Israels inzwischen nicht mehr wegzudenken. Hier wird es übertragen auf Israel, das als «Kindermörder» oder «Babykiller» oder dergleichen bezeichnet wird.

50. Kann Tierschutz antisemitisch sein? Mitunter tarnt sich Judenhass als vermeintlich unschuldiges Eintreten für den Tierschutz bzw. die Tierrechte. Im Fokus steht dabei das Schächten, das rituelle Schlachten von Tieren für den Verzehr des Fleisches. Den religiösen Vorschriften des Judentums – und zum Teil auch des Islam – zufolge, muss das Tier betäubungslos getötet werden und vollständig ausbluten, damit das Fleisch als koscher (bzw. halal) gilt und damit für gläubige Juden (und Muslime) für den Verzehr geeignet ist. Metzger müssen dafür eine spezielle Ausbildung absolviert haben. In Deutschland dürfen eigentlich nur betäubte Tiere geschlachtet werden, es besteht jedoch die Möglichkeit, dass jüdische Schlachter – und, nach einigen gerichtlichen Auseinandersetzungen, auch muslimische – eine Ausnahmegenehmigung erhalten können. Ungeachtet dessen kann Fleisch aus ritueller Schlachtung ungehindert importiert werden. 2019 sorgte der Europäische Gerichtshof mit seiner Entscheidung, dass Fleisch von geschächteten Tieren kein Bio-Siegel erhalten kann, für Aufsehen.

Judenfeinde sahen in der rituellen Schlachtung ein Thema, bei dem sie viele Menschen im Namen der Tierliebe indirekt gegen Juden mobilisieren könnten. Das Schächten wurde als barbarischer und blutrünstiger Akt dämonisiert. So konnten in den Köpfen der Menschen auch Juden als blutrünstige Monster denunziert werden, ohne dies explizit aussprechen zu müssen.

Auch die Nationalsozialisten nutzten den Kampf gegen das Schächten als Vehikel ihrer antisemitischen Propaganda und

Praxis. Schon im April 1933 erließen sie per Gesetz ein Verbot, Tiere ohne Betäubung zu schlachten. Es war eines der ersten antisemitischen Gesetze des NS-Staats. Rechtsextreme nutzen die Hetze gegen das Schächten unter dem Deckmantel vermeintlicher Tierliebe bis heute immer wieder, zumal es ihnen die Möglichkeit bietet, sowohl gegen den Islam als auch gegen das Judentum zu hetzen. Im Januar 2023 brachte die Bundestagsfraktion der Alternative für Deutschland (AfD; siehe Frage 17) einen Antrag auf Verbot des Schächtens unter der Überschrift «Tierschutz stärken» in den Bundestag ein.

Der Deutsche Tierschutzbund e. V. brandmarkt auf seiner Homepage das Schächten mit drastischer Bebilderung als einen «Todeskampf», der für die Tiere mit «mit höllischen Schmerzen, Atemnot und Todesangst» verbunden sei. Er fordert ein generelles Verbot dieser Schlachtmethode. Die Tierschutzorganisation Peta argumentiert ausgewogener, indem sie zum einen die äußerst geringe Zahl von Schächtungen in Deutschland betont und zum anderen auch auf die Problematiken der anderen Schlachtmethoden eingeht. Peta rät daher zu einer fleischlosen Ernährung.

51. Ist «Jude» ein Schimpfwort und sollte man das Wort besser meiden? In Deutschland gab und gibt es bei einigen ein diffuses Unbehagen, Juden Juden zu nennen. Dies geht vor allem auf die NS-Hetze sowie Verfolgungs- und Mordpolitik gegen die Juden zurück. In der Nachkriegszeit flüchtete man sich daher vielfach in gutgemeinte und zugleich schambesetzte Formulierungen wie «jüdische Mitbürger» oder «Mitbürger jüdischen Glaubens». Diese waren exklusiv Juden vorbehalten, denn Wendungen wie «Mitbürger katholischen Glaubens» wurden nicht benutzt. Solche exklusiv Jüdinnen und Juden vorbehaltenen umständlichen Bezeichnungen können problematisch sein, leisten sie doch der Vorstellung Vorschub, «Jude» sei tatsächlich eine irgendwie belastete Zuschreibung oder gar ein Schimpfwort und sollte deswegen umgangen werden. Überdies ist die Reduzierung auf den Glauben problematisch und schließt Personengruppen aus.

Zeitweise verbreitete auch der Duden-Verlag in seinem Online-Wörterbuch unter dem Eintrag «Jude» den Hinweis, die Bezeichnung Juden werde «wegen der Erinnerung an den nationalsozialistischen Sprachgebrauch als diskriminierend empfunden». Nach Protesten in den sozialen Medien und vonseiten des Zentralrats der Juden in Deutschland wurde der Hinweis dahingehend verändert, dass auf die Diskussion verwiesen wird und der Standpunkt des Zentralrats angeführt wird.

«Jude» ist also eigentlich kein Schimpfwort, wird vor allem unter Jüngeren heute mitunter aber als solches benutzt. Das ist kein neues Phänomen, worauf Ronen Steinke hingewiesen hat. Bereits im Mittelalter und den Jahrhunderten danach wurde es als eine negativ besetzte Bezeichnung gebraucht. So nannte man im 19. Jahrhundert einen Studenten, der keiner Studentenverbindung angehörte, abschätzig Jude.

52. Ist der Antisemitismusvorwurf manchmal nur ein Geschacher um Worte? Da sich Judenhass vielfach in Worten manifestiert, wird häufig über sie und ihre Bedeutung gestritten, auch und vor allem um ihre eigentlichen und verborgenen Sinnzusammenhänge. Abseits des Streits um die Auslegung von umstrittenen Äußerungen und um die Dechiffrierung antisemitischer Codes (siehe Frage 49) zeigt sich gerade auch im Gebrauch mancher Wörter aus dem Jiddischen eine problematische Tendenz. Dies betrifft bereits die Formulierung dieser Frage, da dort vom «Geschacher um Worte» die Rede ist. Das jiddische «sachern», von dem «Geschacher» sich herleitet, bedeutet neutral «Handel treiben». Im Deutschen jedoch ist daraus ein negativ behafteter Ausdruck geworden, der auf dem antijüdischen Stereotyp des vom Handel und Profitmachen besessenen Juden beruht.

Ähnliches lässt sich bei anderen Lehnwörtern aus dem Jiddischen feststellen. Sie sind allein schon durch ihre sprachliche Herkunft negativ behaftet. Das Wort «mauscheln», das auf den jüdischen Vornamen Moses (Mosche, Moische u. Ä.) zurückgeht, wird einzig und allein abwertend gebraucht im Sinne von «unter der

Hand in undurchsichtiger Weise Vorteile aushandeln, begünstigende Vereinbarungen treffen, Geschäfte machen», wie es die Online-Version des Duden definiert. Dies wird inzwischen mit dem Hinweis versehen, dass dieser Gebrauch mit antisemitischen Vorstellungen verbunden ist, «häufig als diskriminierend empfunden» werde und daher «insbesondere im öffentlichen Sprachgebrauch unbedingt vermieden werden» sollte. Noch 2020, als Ronen Steinke sein Buch über *Antisemitismus in der Sprache* veröffentlichte, fehlte dieser Hinweis. Schon Antisemiten des 19. Jahrhunderts benutzten das Wort als Kampfbegriff in ihren Texten und sprachen von «Mauschel-Juden», dem «internationalen Mauscheltum» und Ähnlichem.

53. Früher hieß es «Judenpresse», heute «Lügenpresse»? Seit dem 19. Jahrhundert ist das Stereotyp einer angeblich jüdisch beherrschten Presse aus dem antisemitischen Diskurs nicht mehr wegzudenken. Bereits Heinrich von Treitschke (1834–1896) verwendete es in einem Aufsatz im Zusammenhang mit dem sogenannten Berliner Antisemitismusstreit (siehe Frage 72) und rückte die jüdische Presse bzw. jüdische Journalisten in die Nähe dessen, was heute mit dem Schlagwort der «Lügenpresse» belegt wird. Er schreibt: «Der kleine Mann läßt sich nicht mehr ausreden, daß die Juden die Zeitungen schreiben, darum will er ihnen nicht mehr glauben.»

Zu besonderer Blüte gelangte der Irrglaube einer jüdischen Dominanz im Pressewesen in der Weimarer Republik, was seinen Ausdruck in dem unter anderen von den Nationalsozialisten in ihrer Propaganda vielbemühten Begriff «Judenpresse» fand. Die antijüdische Hetze gegen die verhasste Demokratie richtete sich auch gegen eine unabhängige liberale Presse, die mit Kritik an den Nationalsozialisten und ihren Zielen und Methoden nicht sparte. Im Visier der Hetze waren in erster Linie die Berliner Verlage Ullstein und Mosse, die damals führende einflussreiche Zeitungen herausbrachten und in jüdischem Besitz waren. Eine ganze Reihe prominenter jüdischer Journalisten schrieb für Blätter aus diesen beiden Häusern. Bei aller Bedeutung, die man diesen Zeitungen zuschreiben kann, stehen sie doch nur für einen Teil des damals vielfältigen und großen Pressemarktes, auf dem auch deutschnationale Magnaten wie Alfred Hugenberg (1865–1951) großen Einfluss hatten und zahlreiche nationalistische, völkische und antisemitische Blätter eine breite Leserschaft fanden.

Nach dem Ende des NS-Regimes gab es kaum prominente jüdische Journalistinnen oder Journalisten. Sie waren entweder vor den Nationalsozialisten ins Exil geflohen oder ermordet worden. Dennoch hielt sich die Vorstellung von einer jüdisch dominierten oder beherrschten Presse hartnäckig. Seit einigen Jahren verwenden Rechtsextreme, sogenannte Querdenker und andere innerhalb und außerhalb der AfD das Schlagwort von der «Lügenpresse», das wie ein antisemitischer Code funktioniert (siehe Frage 49). Der Begriff ist nicht neu und wurde bereits im 19. Jahrhundert gebraucht, auch als antisemitischer Kampfbegriff. Er suggeriert eine im Hintergrund von dunklen Kräften gelenkte Presse, die Wahrheiten zurückhält und sich gegen «das Volk» verschworen habe. So transportiert man heute die aberwitzigen Vorstellungen, die mit dem Begriff «Judenpresse» verbunden sind, ohne Juden direkt zu nennen. Auch hier lässt sich auf Kritik einwenden, doch gar nicht von Juden gesprochen zu haben.

54. Warum greifen Antisemiten besonders gerne jüdische Friedhöfe an? Die Verwüstung jüdischer Friedhöfe durch Umwerfen oder Zerstören von Grabsteinen, Schmieren von antisemitischen Parolen oder ihre Entweihung durch die Platzierung von Schweineköpfen und ähnlichen Geschmacklosigkeiten hat eine jahrhundertelange unselige Tradition und zeigt einmal mehr das Fortleben eines religiös grundierten Judenhasses und seiner Symboliken bis in unsere Tage. Auch der Holocaust änderte daran nichts. Unmittelbar nach dem Ende des NS-Regimes waren jüdische Friedhöfe wieder Ziel von Angriffen, so 1945 in Alsbach und Osnabrück. Von 1945 bis 2000 registrierte man rund 1000 Friedhofsschändungen in Westdeutschland bzw. der Bundesrepublik und gut 200 in der DDR bzw. Ostdeutschland. Der Bundesverband der Recherche- und Informationsstellen Antisemitismus registrierte für 2020 21 und für 2021 19 Schändungen jüdischer Friedhöfe, das heißt jährlich wird in Deutschland rund 1 Prozent aller jüdischen Friedhöfe heimgesucht.

Friedhöfe werden im Hebräischen auch als Bet Olam, auf Deutsch Haus der Ewigkeit, bezeichnet. Darin kommt zum Ausdruck, dass eine Grabstätte im Judentum auf ewig unantastbar sein soll, eine turnusmäßige Einebnung für neue Grabstätten wie auf christlichen Friedhöfen also undenkbar ist. Daher wiegt die Schändung eines Friedhofs für Juden besonders schwer – und genau deswegen sind sie ein beliebtes Objekt antisemitischer Gewalt, zumal die Täterinnen und Täter hierfür keinen besonderen Mut aufbringen müssen und in der Regel kaum Gefahr laufen, dingfest gemacht zu werden.

Schon im Mittelalter tobte sich der Hass auf Juden auf ihren Friedhöfen aus. Vielfach machten sich die Christen nach der Vertreibung der örtlichen jüdischen Bevölkerung über die Friedhöfe her. Nicht selten wurden die Grabsteine als Baumaterial für Gebäude oder Wege benutzt, eine Praxis, die die Nationalsozialisten und deutsche Besatzer in den 1930er und 1940er Jahren in Deutschland und im deutsch besetzten Europa vielerorts aufgriffen. Auch wurden Gebäude auf jüdischen Friedhöfen errichtet. Eine besondere Form der Demütigung war die Nutzung der Grabstätten als Weidefläche für Vieh, speziell für Schweine. Diese Formen der Schändung und Zerstörung setzen sich in der Neuzeit fort. Bis heute werden Grabsteine auf jüdischen Friedhöfen immer wieder umgeworfen, zerstört oder beschmiert.

55. Hat Michel Friedman doppelt zunichtegemacht, was Hans Rosenthal mühsam aufgebaut hat? Der Logik der Frage liegt ein klassisches Muster zugrunde – die sogenannte Täter-Opfer-Umkehr. Diese ist ein klassisches Element des modernen Antisemitismus, vor allem auch des sekundären Antisemitismus nach der NS-Diktatur (siehe Frage 8). Eine zeitweise häufig zu hörende Reaktion auf antisemitische Vorfälle und auf Forderungen nach entschlossenerer Bekämpfung durch Polizei, Justiz und Politik war eine Aussage wie: «Wenn Herr Friedman sich mehr zurückhält, erledigt sich das Problem fast von selbst». Michel Friedman (geb. 1956) ist Jurist, Publizist und Moderator, von 2000 bis 2003 war er stellvertretender Vorsitzender des Zentralrats der Juden in Deutschland. Er engagiert sich wortmächtig gegen Rechtsextremismus und Antisemitismus und für die Stärkung der Demokratie in Deutschland. Als Jude wurde und wird er dabei in besonderer Weise zu einem Hassobjekt gemacht, zumal seine streitbare Art und sein harter (aber sachorientierter) Interviewstil im Fernsehen vielfach als Arroganz wahrgenommen wurden. Ein beliebtes Muster verbaler Angriffe im Internet funktioniert nach dem Schema: Man sei ja kein Antisemit und habe nichts gegen Juden, aber Herr Friedman sei eine unangenehme Person (oder Schlimmeres) und schade den Juden in Deutschland insgesamt. Mitunter funktionierte die Ablehnung der Person Michel Friedman bereits wie ein antisemitischer Code (siehe Frage 49), mit dem auch der FDP-Politiker Jürgen W. Möllemann (1945–2003) auf der Suche nach neuen Wählerschichten im Bundestagswahlkampf 2002 spielte (siehe Frage 94). Er warf Friedman unverhohlen vor, Antisemitismus zu provozieren und zu schüren.

Zahlreiche Anfeindungen ähnlicher Art kamen von rechtsradikaler Seite und kommen heute noch aus den Reihen der AfD, der Friedman unzweideutig ihren Rassismus und Antisemitismus vorgehalten hat. Frank Pasemann (geb. 1960), seinerzeit Bundestagsabgeordneter der AfD, hatte im Februar 2020 ein Foto Friedmans mit «Der ewige Friedman» überschrieben und den Schriftzug typografisch wie den Titel des antisemitischen NS-Propagandafilms *Der ewige Jude* gestaltet. Pasemann wurde einige Zeit später aus der Partei ausgeschlossen.

Im Kontrast zu Friedman stand der jüdische Fernsehmoderator Hans Rosenthal (1925–1987), der auch im Direktorium des Zentralrats der Juden aktiv war. Der Öffentlichkeit war bekannt, dass Rosenthal Jude war, er trat allerdings zu jüdischen Belangen oder im Zusammenhang mit der Bekämpfung von Antisemitismus nicht öffentlich in Erscheinung. Über seine Überlebensgeschichte – er konnte mit Hilfe von drei nichtjüdischen Frauen in Berlin in einem Versteck überleben – schrieb er erst 1980 in seiner Autobiografie. Bekannt und überaus beliebt war Rosenthal als Moderator von Unterhaltungssendungen wie der Quizshow «Dalli dalli». Mit seinem Judentum und der NS-Verfolgung wurde Rosenthal auch nach Veröffentlichung seiner Autobiografie kaum direkt in Verbindung gebracht. Auch er löste aber Angriffe aus, wenn er sich etwa offen gegen alte Nationalsozialisten wandte. So rief er 1983 in einer «Dalli dalli»-Sendung zu Protesten gegen ein Kameradschaftstreffen von ehemaligen SS-Männern auf, worauf bei seinem Heimatsender ZDF zahlreiche Protestschreiben inklusive Beschimpfungen Rosenthals als «Judenlümmel» eingingen.

56. Gibt es einen Antisemitismus wegen Auschwitz? Seit einigen Jahrzehnten gibt es das jüdische Bonmot «Die Deutschen werden uns Auschwitz nie verzeihen», das unterschiedlichen Sprechern zugeschrieben wurde. Es spitzt den Kern dieser Frage zu. Man bezeichnet diese Spielart des Judenhasses auch als sekundären, postnazistischen, Post-Holocaust-Antisemitismus oder Schuldabwehr-Antisemitismus. Sie ist keine vollkommen neue Form, sondern voll von Elementen des «klassischen» Antisemitismus, etwa wenn sie mit dem Vorwurf an «die» Juden verbunden ist, aus dem Holocaust nur Profit schlagen zu wollen. Damit greift man auf das alte antisemitische Stereotyp einer vermeintlichen Geldgier von Juden zurück. Letztlich ist dieser Antisemitismus wegen Auschwitz eine erneute Anpassung des alten Judenhasses an vollkommen veränderte politische und historische Rahmenbedingungen. Nach dem Holocaust konnte man, das war Antisemiten bewusst, nicht mehr derart ungeniert und offen seinem Judenhass frönen. Dem stand das Großverbrechen Holocaust im Weg. Daher richtete sich die Energie vieler Antisemiten, Nationalsozialisten und Nationalisten gegen die Aufarbeitung der NS-Geschichte und ihrer Folgen und auf eine Relativierung der NS-Verbrechen, allen voran des Holocaust.

Dies manifestierte sich bereits kurz nach Ende des NS-Regimes in Forderungen nach einem Ende der justiziellen Ahndung der NS-Verbrechen und Freilassung der «Kriegsverurteilten», wie man die einsitzenden NS-Täter verharmlosend nannte. Das schloss Forderungen nach einem Ende der Entnazifizierung und damit verbundenen großzügigen Amnestien für Verurteilte mit ein. Die FDP propagierte einen solchen Schlussstrich beispielsweise auf Plakaten zur Bundestagswahl 1949.

Ausdruck fand der Antisemitismus wegen Auschwitz in der fortwährenden Wiederkehr solcher und ähnlicher Schlussstrichforderungen und -debatten, in denen es mal hieß, Deutschland müsse endlich «aus dem Schatten Hitlers» treten, «wieder den aufrechten Gang lernen» und Ähnliches mehr. Die überhaupt noch nicht richtig in Gang gekommene Aufarbeitung der NS-Diktatur und des Holocaust wurde als ein Mittel zur Diffamierung Deutschlands und der Deutschen angesehen und zurückgewiesen. Dies setzte sich über die Jahrzehnte über Martin Walsers Paulskirchenrede 1998 (siehe Frage 93) bis hin zu zahlreichen einschlägigen Äußerungen führender AfD-Politiker (siehe Frage 17) in jüngster Zeit fort. Ein Dauerbrenner war zudem der Topos, «die Juden» nutzten den Holocaust aus, um finanziellen Profit im Rahmen der sogenannten Wiedergutmachung daraus zu schlagen oder um Israel und seine Politik gegen Kritik zu immunisieren.

Die Holocaustleugnung kann man durchaus als eine Spielart dieser Form von Antisemitismus ansehen. Auch Angriffe auf Gedenkstätten, Vandalismus und einschlägige verbale Beschimpfungen gehören genauso dazu wie jüngere Phänomene wie die «Ungeimpft»-Sterne auf Demonstrationen (siehe Frage 22).

57. Verdienen Juden am schlechten Gewissen der Deutschen? Der Vorwurf, Juden würden den Holocaust zum eigenen Vorteil, gar zum eigenen Profit nutzen, gehört zum klassischen Repertoire eines postnazistischen Antisemitismus von rechts und bedient sich in fast idealtypischer Weise dem Standardinstrument der Täter-Opfer-Umkehr. Er ist eine Kombination des alten judenfeindlichen Stereotyps der Gier mit Versatzstücken einer Weltverschwörungsvorstellung und weist den nichtjüdischen Deutschen eine Opferrolle zu.

Eine vermeintliche finanzielle Erpressung Deutschlands mit Verweis auf den Holocaust wurde vor allem im rechtsradikalen und neonazistischen Milieu immer wieder unterstellt und in der eigenen Agitation genutzt, jenseits dieser Kreise jedoch war dies ein verstohlen hinter vorgehaltener Hand geraunter Vorwurf. Mit dem Buch *Die Holocaust-Industrie. Wie das Leiden der Juden ausgebeutet wird*, das 2001 auf Deutsch erschien, aber bereits im Jahr zuvor eine Debatte in der Bundesrepublik ausgelöst hatte, erhielt der Vorwurf neue Nahrung und Rechtsextreme vereinnahmten den amerikanisch-jüdischen Autor Norman Finkelstein (geb. 1953) für ihre Zwecke, stellte er doch aus ihrer Sicht einen idealtypischen Kronzeugen für ihre Hetze dar.

Finkelstein, Sohn zweier Holocaust-Überlebender, klagte in dem Buch auch unter Rückgriff auf seine Familiengeschichte Organisationen wie die Jewish Claims Conference und den World Jewish Congress an, zu ihren Gunsten das Leid der Opfer und Überlebenden des Holocaust zu instrumentalisieren. Sie würden, so Finkelstein, finanziell erheblich davon profitieren. Diese und weitere Vorwürfe wurden von der Fachwelt weitgehend einhellig zurückgewiesen und Finkelsteins Methoden als in Teilen unwissenschaftlich eingestuft. Manche verurteilten zentrale Thesen des Buches, die ihrer Auffassung nach einer jüdischen Weltverschwörung das Wort reden würden.

Die scharf geführte Debatte im deutschen Feuilleton ebbte nach einigen Monaten wieder ab. Im rechtsextremen Diskurs jedoch spielten Finkelstein als vermeintlicher Kronzeuge und das Schlagwort der «Holocaust-Industrie» noch lange eine Rolle. Die Vorstellung einer finanziell motivierten Instrumentalisierung der Erinnerung an den Holocaust ist bis heute virulent, auch weit über klassisch rechtsextreme Kreise hinaus.

58. Warum ist George Soros bei Antisemiten so beliebt? George Soros (geb. 1930) ist ein reicher und erfolgreicher US-amerikanischer Geschäftsmann, der aus Ungarn stammt und Jude ist. Er lebte zeitweise in einem Versteck und konnte so der Deportation und Ermordung entgehen. Soros ist in Ungarn, aber auch weit darüber hinaus zu einer Reizfigur geworden, auf die sich vor allem Antisemiten und Demokratiefeinde fokussieren. Inzwischen ist sein Name zu einem antisemitischen Code geworden (siehe Frage 49), mit dem sich trefflich gegen Juden hetzen lässt, ohne diese explizit nennen zu müssen. So kann man bei Kritik die Unschuld vom Lande mimen und treuherzig einwenden, man habe doch mit keinem Wort über Juden gesprochen. Warum aber haben sich Antisemiten ausgerechnet auf Soros versteift?

Für Judenhasser vereinigt er mehrere Feindbilder in sich. Als reicher und erfolgreicher Geschäftsmann steht er für das alte antisemitische Narrativ vom «internationalen Finanzjudentum». Überdies gibt er einen Teil seines Vermögens über die von ihm gegründeten Open Society Foundations für die Unterstützung von Initiativen aus, die sich gegen Antisemitismus und andere menschenfeindliche Ideologien einsetzen und für liberale offene Gesellschaften arbeiten. Mit ihm lassen sich Judenhass, Antiliberalismus und Demokratiefeindlichkeit personalisieren, ohne dass man dies offen benennen müsste. Er wurde das Gesicht all dessen, was die Regierung des autoritären ungarischen Ministerpräsidenten Viktor Orbán (geb. 1963) und seiner Partei Fidesz bekämpft. Diese führten nationalistische Kampagnen, in denen sie Soros auf Plakaten und in Werbespots vorführten als einen obskuren Fädenzieher, der im Hintergrund mit seinem Geld an einer gezielten Zerstörung der nationalen Souveränität und Schwächung der ungarischen Nation arbeite, indem er unter anderem Migranten in großer Zahl nach Europa bringe. Dass Soros Jude ist, musste in der Kampagne gar nicht eigens erwähnt werden, sein Name und sein Konterfei waren längst zu einem weiteren antisemitischen Code geworden.

Das nutzte man nicht nur in Ungarn aus. Auch in den Vereinigten Staaten griff Donald Trump (geb. 1946) darauf zurück, um antisemitisch grundierte Verschwörungsmythen zu verbreiten, ohne Juden offen und direkt anzugehen. Im Abschlussspot unmittelbar vor der Präsidentschaftswahl 2016 wurden neben der Gegenkandidatin Hillary Clinton (geb. 1947) auch George Soros, die Präsidentin der US-amerikanischen Notenbank Janet Yellen (geb. 1946) und der CEO der Investmentbank Goldman Sachs, Lloyd Blankfein (geb. 1954), gezeigt – alle drei sind jüdisch und im Finanzwesen tätig. Aus dem Off war dazu Trump zu hören, der sagte, es stünden für das Establishment Billionen von Dollar auf dem Spiel, denn, so Trump weiter, «diejenigen, die die Hebel der Macht in Washington kontrollieren, und die globalen Sonderinteressen haben sich mit diesen Leuten zusammengetan, die nicht euer Wohl im Sinn haben». Damit profilierte er sich zum einen als Kämpfer gegen das Washingtoner Establishment, zum anderen aber bediente er antisemitische Verschwörungsmythen von jüdischen Finanzmagnaten, die insgeheim die Welt lenken – Signale, die die extreme Rechte sicher verstand. Bestimmt nicht zufällig hat die Zahl antisemitischer Vorfälle in den USA ab 2016 stark zugenommen.

59. Immunisieren persönliche Bekanntschaften mit Juden gegen Antisemitismus? «Jemand, der es nötig hat, damit zu prahlen, dass er jüdische (oder afroamerikanische) Freunde hat, hat in den meisten Fällen Probleme mit Juden (oder Schwarzen), die nicht seine Freunde sind», schreibt die US-amerikanische Holocaust- und Antisemitismusforscherin Deborah Lipstadt. Die Vorstellung, jemand könne kein Antisemit sein, schon allein aus dem Grund, dass er oder sie Juden persönlich kenne, ist abwegig, wird Antisemitismusvorwürfen aber immer wieder entgegengehalten. Die Bekanntschaft oder Nähe zu Juden wird jedoch gerade von Menschen hervorgehoben, die antisemitische Standpunkte vertreten. So wollen sie Kritik abwehren. In Variation dazu wird gerne auf eine Jüdin oder einen Juden verwiesen, die oder der die gleiche Position vertritt – bevorzugt, wenn es um antisemitische

Äußerungen geht, die als vermeintlich arglose Kritik an der israelischen Politik daherkommen. Holocaustleugner verweisen hingegen vornehmlich auf ausländische Gesinnungsgenossen, meist aus den Ländern der ehemaligen Westalliierten. Wenn selbst ein Amerikaner, so die abstruse Logik dahinter, die Existenz des Holocaust abstreite, dann müsse es ja stimmen.

Die Alternative für Deutschland (AfD) verweist bei Kritik an antisemitischen Äußerungen aus den Reihen ihrer Funktionäre oder Mitglieder oder bei pauschalen Vorwürfen gegen die Partei gerne auf den im Herbst 2018 gegründeten Verein «Juden in der AfD». Die AfD, so die Logik hinter dieser Verteidigung, könne kaum antisemitisch sein, da doch Juden Mitglied seien. Der parteinahe kleine Verein teilt die Zielsetzungen der AfD in puncto Einwanderungspolitik und Haltung zum Islam. Auch relativierende Äußerungen in Bezug auf Holocaust und Nationalsozialismus verteidigt die Gruppe, die generell Antisemitismusvorwürfe gegen die AfD zurückweist. So erfüllt eine kleine Gruppe, auf die in die Kritik geratene AfD-Mitglieder immer hinweisen können, eine Alibifunktion. Über Ausmaß und Qualität des Antisemitismus innerhalb der AfD sagt die Existenz dieser Splittergruppe hingegen nichts aus (siehe Frage 17).

Neben solchen problematischen Alibirollen spielt die persönliche Begegnung zwischen Juden und Nichtjuden jedoch auch eine Rolle in der präventiven Abwehrarbeit gegen Antisemitismus. Das ist geleitet von dem Gedanken, dass Vorurteile am besten durch gegenseitiges Kennenlernen ins Wanken gebracht werden können und mehr Wissen ebenso wie Begegnungen Antisemitismus über kurz oder lang den Nährboden entziehen.

60. Ist der Glaube an antisemitische Verschwörungsmythen ansteckend wie Corona? Juden als Brunnenvergifter, die die Pest unter das Volk gebracht haben – das ist ein uralter antisemitischer Verschwörungsmythos (siehe Frage 65), zu abstrus, so müsste man eigentlich denken, um heute noch eine Rolle zu spielen. Und dennoch gehört die Vorstellung von Juden als schmutzige Krankheitserreger und als obskure Macht, die gezielt Krankheiten über die Menschen bringt, um die eigene Macht zu mehren, zu den Dauerbrennern der Antisemiten weltweit. Es gibt Hinweise, dass bereits während der sogenannten Spanischen Grippe nach Ende des Ersten Weltkriegs Juden als Schuldige für die Pandemie ausgemacht wurden. Die Nationalsozialisten pflegten das Bild vom schmutzigen Juden, der Krankheiten wie Typhus übertrage, in ihrer Propaganda. Sie sahen in den Epidemien in manchen Ghettos die Bestätigung dafür, hatten aber die Bedingungen zur Entstehung und Ausbreitung der Krankheiten durch die unhaltbaren Zustände selbst geschaffen – die Enge, der bewusst herbeigeführte Hunger und eine mangelhafte medizinische Versorgung.

Die Coronapandemie ab 2020 hat Verschwörungserzählungen von «den» Juden als Verursachern einer Seuche erneut Auftrieb gegeben, zusätzlich beflügelt durch die unbegrenzten Verbreitungsmöglichkeiten über das Internet. Antisemitische Verschwörungsfantasien sind dabei weit über den Kreis der üblichen hartgesottenen Judenhasser verbreitet. Sie scheinen besonders in unübersichtlichen und schwer verständlichen Krisenzeiten für eine größere Zahl von Menschen attraktiv, weil sie einfache Erklärungen für komplizierte Weltlagen liefern. Dies ist nicht auf ein bestimmtes politisches oder weltanschauliches Spektrum begrenzt, sondern betrifft von extrem links über die Mitte bis extrem rechts alle politischen Richtungen.

Es kursiert eine Vielfalt von Verschwörungserzählungen, denen zufolge die Juden die Pandemie ausgelöst haben, um über den Verkauf von Impfstoffen zu profitieren oder aber um ihren Vorteil aus der wirtschaftlichen Krise ziehen zu können. In schrilleren Versionen verknüpft man dies mit alten Lügenmärchen vom Ritualmord (siehe Frage 41), indem etwa behauptet wird, über die Impfung sollten Menschen getötet werden oder die Pandemie solle verschleiern, dass Kinder gefangen gehalten würden, um ihr Blut für Verjüngungsmittel nutzen zu können.

Es dauerte während der Pandemie auch nicht lange, bis der Antisemitismus in Form von den Holocaust relativierenden Reden und Symbolen Einzug in die Demonstrationen und Chatgruppen fand. Mehr und mehr Protestierende hefteten sich gelbe Davidsterne mit der Aufschrift «Ungeimpft» an (siehe Frage 22), manche trugen Hakenkreuzbinden, auf denen das Hakenkreuz durch eine Virusdarstellung ersetzt war, Schutzmasken mit dem Aufdruck «Heil Corona» und anderes mehr wurden vertrieben. Bedrohlich und neu scheint dabei zu sein, dass sich nun Menschen verschiedenster politischer Couleur gemeinsam hinter antisemitischen Verschwörungserzählungen zum Protest versammeln können, die sich in Teilen bislang spinnefeind gewesen zu sein schienen. Hinzu kommt, dass auch Teilnehmerinnen und Teilnehmer solcher Protestkundgebungen, die den Judenhass der anderen nicht teilen, keinen Anstoß an der zur Schau getragenen Judenfeindschaft zu nehmen schienen.

Von den Anfängen bis zur Aufklärung

61. Wurde mit der Kreuzigung Jesu der Antijudaismus geboren? Auch wenn die Verbreitung des Antijudaismus sehr eng mit der Verbreitung und Geschichte des Christentums zusammenhing, ist er nicht erst mit dem Christentum in die Welt gekommen. Formen von Antijudaismus gab es bereits vor der Entstehung des Christentums. So sind antijüdische Tiraden des ägyptischen Priesters und Historikers Manetho in Alexandria aus dem 3. Jahrhundert vor unserer Zeitrechnung überliefert, als dort die größte jüdische Diaspora-Gemeinde lebte. Größere Bekanntheit und Eingang in die jüdische Überlieferung erhielt der Antijudaismus von Antiochos IV. Epiphanes, der als Herrscher über das Seleukidenreich um 170 vor unserer Zeit ein Edikt gegen die Juden verkündete. Es nahm den Juden die Möglichkeit, ihre Religion auszuüben, und führte zum sogenannten Makkabäeraufstand. Es ließen sich weitere Beispiele antijüdischer Äußerungen, Erlasse oder Gewalttaten anführen, die aber kein ähnlich geschlossenes Bild abgeben wie im Falle des christlichen Antijudaismus.

Während sich für christlichen Antijudaismus recht klar festmachen lässt, wo die Ursachen für den Hass liegen, lässt sich dies beim nichtchristlichen Antijudaismus der Antike nicht klar benennen. Es gibt nur wenige Quellen und diese sind lückenhaft und unzuverlässig. Anders als im Fall des Christentums gibt es zudem keinen allgemein verbreiteten Antijudaismus mit einem festgefügten Arsenal an Stereotypen. Erst mit dem Christentum erhielt der Antijudaismus eine klar umrissene Gestalt und Elemente, die ihn nachhaltig prägten und die bis heute im Antisemitismus wirken. Die Kreuzigung Jesu und ihre Auslegung durch die christliche Kirche lieferten mit der Verurteilung der Juden als Gottesmörder auf lange Zeit ein zentrales und äußerst wirkmächtiges Motiv des Antijudaismus.

62. War dem Christentum der Antijudaismus gleichsam in die Wiege gelegt? Das Christentum spielt in der Geschichte des Antijudaismus eine zentrale Rolle und hat wesentlich zu dessen Festigung und Tradierung beigetragen. Christentum und Judentum sind eng verflochten und aufeinander bezogen, ging doch das Christentum aus dem Judentum hervor und grenzte sich dann von diesem ab. Dieser Ablösungsprozess berührt zahlreiche theologische Fragen, die hier im Einzelnen nicht erörtert werden sollen. In diesem Prozess ist kaum klar auseinanderzuhalten, was noch als eine Art innerjüdischer Konflikt zwischen Juden und Judenchristen gelten kann und wo daraus Judenfeindschaft entsteht. Da die neutestamentlichen Texte wie die Evangelien meist aus der Feder gebürtiger Juden stammen, wurden sie vielfach als Ausdruck eines innerjüdischen Disputs um die richtige Interpretation verstanden. Mit wachsendem Zulauf von Heiden zum Christentum habe sich dieser Konflikt immer stärker verschoben und antijudaistische Züge angenommen, so eine verbreitete Sicht.

Dessen ungeachtet lässt sich mit einer gewissen Berechtigung der Anfang des Christentums auch als Quelle einer christlichen Judenfeindschaft verstehen. Im Neuen Testament, der Urschrift des Christentums, finden sich in kanonischen Texten wie den Briefen des Apostels Paulus sowie in den Evangelien zentrale Aussagen, die fatale Wirkung entfalteten. So übernahm Paulus in seinem Brief an die Thessalonicher einen klassischen Vorwurf aus der antiken Literatur, indem über die Juden, «die Gott nicht gefallen und allen Menschen feind sind» (1. Thessalonicher, 2,15), gesprochen wird. Äußerungen wie diese wurden mit zunehmendem Abstand zur konkreten Situation, in der sie getätigt worden sind, und mit der wachsenden Bedeutung der «Heidenchristen» immer mehr als fundamentaler Angriff auf das Judentum verstanden. Daher sieht unter anderen der Judaist Peter Schäfer Paulus auch als einen unfreiwilligen Mitbegründer des christlichen Antijudaismus. Eine ähnliche Wirkung sieht er in einigen wichtigen Passagen in den Evangelien, beispielsweise in der Abrechnung Jesu mit den Pharisäern, wie sie das Matthäus-Evangelium beschreibt

(Mt. 23,13–35). Dort werde den Juden schließlich auch die Schuld am Tod Jesu gegeben, die diese auch für sich und ihre Nachfahren annähmen, indem Matthäus sie sagen lässt: «Sein Blut komme über uns und unsere Kinder» (Mt. 27,25).

Damit sind die Grundlagen für zentrale Elemente des Antijudaismus und Antisemitismus gelegt. Der Vorwurf des Gottesmords entwickelte sich zu einem teilweise bis heute wirksamen antijüdischen Stereotyp. Auch die Verbindung mit dem Blut ist fester Bestandteil im Repertoire der Antisemiten über das Mittelalter und die Ritualmordlegenden (siehe Frage 41) bis zu heutigen Verschwörungserzählungen im Kontext der Coronapandemie.

Eine dezidiert antijüdisch akzentuierte Lesart des Neuen Testaments wurde seit dem 2. Jahrhundert ein fester Bestandteil christlicher Texte und Lehre. Mit dem Aufstieg des Christentums zur Staatsreligion im Römischen Reich vermengten sich Machtfragen mit der christlichen Religion. Gewalt gegen Juden und ihre Synagogen wurde häufiger, zudem wurden antijüdische Gesetze erlassen. In den folgenden Jahrhunderten setzte sich dies fort. Christliche Judenfeindschaft vermengte sich dabei immer wieder mit sozial und wirtschaftlich motiviertem Judenhass, später dann mit dem modernen Rassenantisemitismus.

63. Ist der Antichrist Jude? Die Vorstellung, der Antichrist sei Jude bzw. die Juden seien Abkömmlinge des Satans, geht auf das Johannesevangelium und die Offenbarung des Johannes zurück und hat eine langanhaltende fatale Wirkung im sogenannten christlichen Abendland entfaltet. Nach dem Johannesevangelium entgegnete Jesus den Juden, die sich auf ihre Abstammung von Abraham beriefen und Jesus absprachen, Gottes Sohn zu sein, ihm vielmehr vorwarfen, aus «Hurerei» und Ehebruch hervorgegangen zu sein: «Ihr habt den Teufel zum Vater, und nach eures Vaters Begierden wollt ihr tun. Der ist ein Mörder von Anfang an und steht nicht in der Wahrheit. Wenn er die Lüge redet, so redet er aus dem Eigenen; denn er ist ein Lügner und der Vater der Lüge» (Johannes 8,44). Am Ende des Wortwechsels vertrieben die Juden Jesus mit Steinwürfen aus dem Tempel. In der Offenbarung des Johannes wird mehrfach das Bild der «Versammlung des Satans» (nach der Luther-Übersetzung, Offenbarung 2,9 und 3,9) benutzt, das in anderen Übersetzungen auch «Synagoge des Satans» genannt wird. Diese Bilder von den Juden als «Satansbrut», die qua Abstammung, auf der sie beharren, in Opposition und Feindschaft zu Jesus stehen, haben sich alsbald von ihren konkreten biblischen Ursprüngen gelöst und waren über Jahrhunderte ein fester Bestandteil im antijüdischen Denken und in der judenfeindlichen Ikonografie weit über das Mittelalter hinaus.

64. Warum begann die «Befreiung des Heiligen Landes» 1096 mit Gewalt gegen Juden in Mitteleuropa? Papst Urban II. hatte im November 1095 die christliche Ritterschaft aufgerufen, zu den Waffen zu greifen und im «Heiligen Land» die Muslime zurückzuschlagen. Einige Gruppen rekrutierter Bauern, Bettler und Krimineller wollten ihr Vorgehen gegen die Nichtchristen nicht auf den dortigen Kampf beschränken. Noch bevor der eigentliche Kreuzzug startete, gingen sie die Juden unter anderem in Mainz, Worms und Köln an. Als vermeintliche Gottesmörder wurden dort zahlreiche Juden brutal ermordet und ausgeplündert. Lediglich die erzwungene Taufe konnte sie unter Umständen vor dem Tod retten.

Was Teile der Kreuzzügler unter Mithilfe anderer zu Hause gewissermaßen eingeübt hatten, setzten sie nach Einnahme Jerusalems fort. Sie ermordeten auch dort die örtliche jüdische Bevölkerung oder versklavten sie. Dieses Schema – antijüdische Pogrome vor Aufbruch und am Ziel – wiederholte sich beim Zweiten Kreuzzug 1147. Später konnte dies wirkungsvoller unterbunden werden, dennoch kam es immer wieder zu vereinzelten Gewalttaten von Kreuzzüglern gegen Juden in Mitteleuropa. Versuche geistlicher oder weltlicher Würdenträger, dem Treiben Einhalt zu gebieten, hatten nur mancherorts bescheidene Erfolge. Mitunter wurden sie, wie in Mainz der Erzbischof, durch ihre Intervention selbst Ziel der Gewalt.

Die Mordzüge gegen die Juden im Frühjahr 1096 gelten als die ersten antijüdischen Pogrome in Mitteleuropa. In den jüdischen Gemeinden haben sie tiefgreifende Folgen gehabt und für nachhaltige Verunsicherung gesorgt. Klagelieder, die aus Anlass der Morde im Umfeld des Ersten Kreuzzuges geschrieben wurden, werden teilweise heute noch in Synagogen vorgetragen.

65. War der Judenhass gewissermaßen eine Nebenwirkung der Pest? Mit der Verbreitung der Pest trat auch ein neues Motiv des Judenhasses auf und wurde analog zur Seuche in ganz Europa verbreitet, mancherorts fasste es gar noch vor der Seuche Fuß: die Anschuldigung, Brunnen zu vergiften. Die Juden wurden beschuldigt, so die Seuche verursacht zu haben und sie zu verbreiten. Die Ablehnung der Juden hatte damit ein neues Element, das zudem nicht aus dem Glauben hergeleitet wurde. Was wie verschrobene Spinnerei klingt, hatte sehr reale Folgen. In zahlreichen Orten Mitteleuropas zog diese Verschwörungslüge Gewalt gegen die jüdische Bevölkerung nach sich. Diese sogenannten Pestpogrome führten zu einem weitflächigen Ende jüdischen Lebens auf dem Gebiet des späteren Deutschlands. Angefangen in Toulon 1348 fielen dem Gemeinden wie Speyer (Januar 1349), Worms und Mainz (August 1349) und Nürnberg (Dezember 1349) zum Opfer. Alleine in Nürnberg wurden weit über 500 Juden getötet. Zwischen 1348 und 1351 wurde mindestens ein Viertel aller jüdischen Gemeinden in Mitteleuropa ausgelöscht und mehrere zehntausend Menschen wurden ermordet, aus rund 100 Orten die Juden vertrieben. Zwar waren auch andere Gruppen beschuldigt worden, die Pest verursacht zu haben, doch nur gegen die Juden ging man mit dieser mörderischen Gewalt vor. Das führte man vor allem auf materielle Interessen zurück; man wollte an den Besitz der Juden gelangen bzw. sich so seiner Schulden entledigen.

Das Stereotyp der Seuchenverursacher sollte sich auch nach

dem Ende der Pest über die Jahrhunderte hartnäckig halten. Unter anderem griffen die Nationalsozialisten wieder darauf zurück, als sie die jüdische Bevölkerung im deutsch besetzten Ostmitteleuropa in Ghettos sperrten und dies unter anderem damit rechtfertigten, die Juden würden ansteckende Krankheiten wie Fleckfieber und Typhus verbreiten. Mit entsprechender Propaganda versuchten sie die lokale nichtjüdische Bevölkerung gegen die Juden als vermeintliche «Seuchenträger» aufzuhetzen. Tatsächlich schufen erst die deutschen Besatzer durch ihre Hungerpolitik und die Zusammenpferchung der Juden in beengten Ghettos die Bedingungen, die für die Entstehung und Verbreitung dieser Krankheiten verantwortlich waren. Dies diente später als *ein* Vorwand für die Ermordung der Juden.

Jüngst verbreiteten sich im Zuge der Coronapandemie wieder antisemitische Verschwörungserzählungen gepaart mit weiteren alten antijüdischen Motiven wie dem einer jüdischen Weltverschwörung (siehe Frage 46 und 79).

66. 1492 «entdeckte» Kolumbus Amerika und Spanien den Antisemitismus? Das Jahr 1492 markiert eine Zäsur in der Geschichte Spaniens. Auf der einen Seite erweiterte es seinen Herrschafts- und Machtbereich mit den «Entdeckungen» von Christoph Kolumbus (1451–1506) in Amerika erheblich. Auf der anderen Seite ist mit dem Jahr das Ende jüdischer Geschichte in Spanien verbunden. Dort hatten Juden und Christen lange Zeit relativ friedlich miteinander gelebt. Dies hatte sich im Laufe des 14. und 15. Jahrhunderts mehr und mehr geändert. Juden wurden zahlreichen antijüdischen Bestimmungen unterworfen. Dies hatte auch eine Zunahme von Taufen unter Juden zur Folge, vielfach in Form von Zwangstaufen, die in aufgeheizten Pogromstimmungen Ende des 14. Jahrhunderts mancherorts die einzige Alternative zum Tod waren. Im 15. Jahrhundert spürte die ins Leben gerufene Inquisition unter anderem judaistischen Tendenzen nach, da man einigen konvertierten Juden, den sogenannten Conversos, unterstellte, heimlich ihr Judentum weiter zu pflegen. Auch Christen ohne jüdische Wurzeln standen unter dem Verdacht, im Verborgenen dem jüdischen Glauben anzuhängen.

Als 1492 die Reconquista, die Rückeroberung der spanischen Gebiete von den muslimischen Mauren, abgeschlossen war, verfügte das Königshaus Ende März 1492 die Vertreibung aller Juden aus dem Königreich Spanien. Es sah in den Juden eine Gefahr der Unterwanderung und Schwächung des Christentums. Nur vier Jahre später folgte das Königreich Portugal, wohin zunächst viele Juden geflohen waren, dem spanischen Vorbild, so dass Ende des 15. Jahrhunderts die Iberische Halbinsel praktisch «judenfrei» war. In der Folge etablierte man dort eine letztlich rassische Variante der Judenfeindschaft, da nur der Nachweis der Abstammung von «reinen» Christen eine volle wirtschaftliche Teilhabe ermöglichte, die Abkömmlingen von konvertierten Juden nur eingeschränkt gewährt wurde. Über mehrere Jahrhunderte lebten nahezu keine Juden mehr in Spanien und Portugal; erst im 20. Jahrhundert änderte sich dies allmählich.

Die Vertreibungen der Juden aus Spanien und Portugal waren so umfassend und nachhaltig wie kaum sonst in Europa, aber sie waren keine Ausnahmen. Ihnen vorangegangen waren Vertreibungen aus zahlreichen Regionen und Ländern: In England hatte man dies ähnlich radikal vollzogen, dort wurden 1290 alle Juden ausgewiesen und erst ab 1655 konnten wieder Juden zuziehen. Aus Frankreich war 1182 die erste Vertreibung erfolgt, eine weitere folgte 1394. Auf dem Gebiet des späteren Deutschlands gab es im 15. und 16. Jahrhundert zahlreiche regionale und lokale Vertreibungen.

67. Haben Juden sich freiwillig in Ghettos zurückgezogen? Ghettos, in denen die jüdische Bevölkerung einer Stadt lebte, haben eine lange, weit überwiegend unheilvolle Geschichte. Der Name Ghetto geht zurück auf eine Insel in Venedig, auf der die jüdische Bevölkerung seit 1516 leben musste. Doch damit begann nicht die Konzentration von Jüdinnen und Juden in einem bestimmten Stadtviertel, bereits zuvor lebten sie mancherorts abgesondert von der christlichen Bevölkerung. In Speyer beispielsweise bewohnten sie ab 1084 ein eigenes Viertel, das mit Mauern abgegrenzt war. Dies war jedoch keine reine Zwangsmaßnahme, sondern geschah auch zu ihrem eigenen Schutz vor dem «minderen Volk», wie es hieß. In den meisten Fällen jedoch war ein Ghetto eine Zwangsmaßnahme, die sich mitunter auch als vorteilhaft für die dort wohnenden Juden erweisen konnte, da sie so vielen Anfeindungen im Alltag entgingen.

Dem Ghetto in Venedig folgten etliche Städte, zunächst in Italien, bald jedoch auch darüber hinaus in Frankreich, im Heiligen Römischen Reich Deutscher Nation oder in Polen. Die regionalen Machthaber erhofften sich von dieser Maßnahme eine klare Trennung der jüdischen von der christlichen Bevölkerung und damit eine Einhegung des vermeintlich verderblichen Einflusses der Juden. Mit der Auflösung des Ghettos von Rom 1870 endete vorläufig die Geschichte der Ghettos in Mittel- und Südeuropa.

Erst die Nationalsozialisten griffen wieder auf dieses Verfolgungsinstrument zurück und gaben ihm eine vollkommen neue Qualität. Nach dem Einmarsch in Polen im Herbst 1939 bildeten die deutschen Besatzer nach und nach in zahlreichen polnischen Orten Ghettos, die sie allerdings meist «Jüdischer Wohnbezirk» nannten. Sie sollten zunächst der Vorbereitung einer baldigen Deportation der Juden weiter nach Osten dienen, entwickelten sich dann aber zum Vorhof der Vernichtung. Von dort aus wurde die jüdische Bevölkerung meist direkt in die Vernichtungslager deportiert, wo sie unmittelbar nach ihrer Ankunft ermordet wurden. Neben dem besetzten Polen gab es in den besetzten baltischen Republiken, in Belarus und der Ukraine die meisten Ghettos. Insgesamt gab es unter nationalsozialistischer Herrschaft in Europa in mehr als 1100 Orten ein Ghetto; nicht immer war dies jedoch durch eine Mauer oder einen Zaun nach außen abgeriegelt.

68. War Martin Luther der Julius Streicher der Frühen Neuzeit? Der Reformator Martin Luther (1483–1546) wird vielfach als der Judenhasser der Frühen Neuzeit schlechthin dargestellt.

Mitunter stellt man ihn auf eine Stufe mit dem nationalsozialistischen Gauleiter Julius Streicher (1885–1946) und dessen antisemitischem Hetzblatt *Der Stürmer*. Dies liegt an einigen antijüdischen Schriften Luthers aus seinen späteren Jahren, in denen er gegen Juden und das Judentum hetzt. Doch auch in früheren Schriften wird deutlich, dass Luther das Judentum als Ausdruck einer Selbstüberhebung des Menschen grundsätzlich ablehnte.

Luthers Judenhass wird vielfach gewissermaßen als Ausdruck enttäuschter Hoffnungen gedeutet: Er hatte der Katholischen Kirche vorgeworfen, eine Missionierung der Juden unter anderem durch die Blutbeschuldigungen und Zwangsbekehrungen zu erschweren. Luther selbst hatte in einigen Schriften bis 1530 um Juden geworben und versucht, sie für eine Bekehrung zum Christentum zu gewinnen. Als aber keine nachhaltigen Erfolge sichtbar wurden, verfasste er seine berühmt-berüchtigten judenfeindlichen Pamphlete wie *Von den Juden und ihren Lügen* (1543), in denen er einem wüsten Judenhass, der über religiös begründeten Antijudaismus weit hinausging, freien Lauf ließ. So forderte er zum Beispiel, jüdische Häuser und Synagogen zu verbrennen, Juden in Ghettos zu isolieren, ihnen den Zinshandel zu verbieten und anderes mehr. Luther griff auf zahlreiche antijüdische Ressentiments und Stereotype zurück und popularisierte sie erneut. Ritualmordlegenden, den Vorwurf der Brunnenvergiftung, die rituelle Verwendung des Bluts von Christen – all dies führte er an, um den Nachweis für die Gefährlichkeit und Boshaftigkeit der Juden zu erbringen. Der Text zeichnet sich durch hemmungslose Hasstiraden aus, die nicht zufällig mitunter an vulgärantisemitische Äußerungen Streichers und seiner Zeitung erinnern, da diese doch immer wieder auf alte Muster und Versatzstücke des Judenhasses zurückgriffen. Luther beschimpfte die Juden beispielsweise als «giftige, bittere, rachgierige, hämische Schlangen, Meuchelmörder und Teufelskinder [...], die heimlich stechen und Schaden tun, weil sie es öffentlich nicht vermögen». Auch das Stereotyp des faulen Juden, der bisher arglose Nichtjuden für sich habe arbeiten lassen, aber nun an «richtige» Arbeit herangeführt werden müsse, das die Nationalsozialisten vielfach bemühten, findet sich in Luthers Schrift.

Luther bewegte sich mit seinen antijüdischen Äußerungen, auch wenn sie damals bisweilen kritisiert wurden, durchaus im damaligen Konsens. Sie entfalteten auf Grund seiner großen Bedeutung in der Theologie und für die deutsche Sprache eine nachhaltige Wirkung auch außerhalb protestantischer oder christlicher Kreise allgemein. Die Nationalsozialisten beispielsweise versuchten, sich Luthers Judenhass für die Legitimierung ihres eigenen Antisemitismus zunutze zu machen. Sie legten die einschlägigen Schriften Luthers neu auf und nahmen Bezug auf ihn in der Propaganda, etwa 1937 in der antijüdischen Ausstellung «Der ewige Jude» und im gleichnamigen Hetzfilm 1940.

69. Wollte die Aufklärung dem Judenhass ein Ende setzen? Das Zeitalter der Aufklärung, das in der zweiten Hälfte des 17. Jahrhunderts begann und das 18. Jahrhundert umfasste, gilt als Epoche der Vernunft und Toleranz. Dies bezog sich nach den Religionskriegen in den Jahrzehnten zuvor insbesondere auch auf die religiöse Toleranz, wofür unter anderem Gotthold Ephraim Lessings (1729–1781) Drama *Nathan der Weise* steht. Es wurden Stimmen laut, die sich für mehr gesellschaftliche Anerkennung der Juden aussprachen. Gleichwohl lebte der christliche Antijudaismus ungebrochen fort und wurde von den Kirchen bekräftigt. Auch im Wirtschaftssektor hielt man am Ausschluss der Juden aus wesentlichen Bereichen fest.

Zugleich erfuhr die Abneigung gegen Juden eine Wandlung und Erweiterung, diesmal im Namen der Aufklärung. Manche Philosophen übten im Rahmen ihrer Religionskritik eine besonders harsche Kritik am Judentum, dem sie ein besonderes Maß an Aberglauben und Sittenlosigkeit zuschrieben, was zugleich auf die zeitgenössischen Juden übertragen wurde. Das Festhalten der Juden an ihrem Glauben verunglimpften etliche Aufklärer als besondere Halsstarrigkeit. So feierte, wie Peter Schäfer es formulierte, «der alte Antijudaismus [...] im neuen säkularen Gewande seine Auferstehung und wurde zu dem gemeinsamen Nenner, auf den sich die verschiedenen Vertreter der Aufklärer ebenso einigen konnten wie ihre Gegner». Auf der anderen Seite entfielen mit der Forderung nach einer Säkularisierung bzw. einer Trennung von Staat und Religion auch wesentliche Gründe für den Ausschluss der Juden aus grundlegenden Bereichen von Politik, Wirtschaft und Gesellschaft. Wer dies forderte, gehörte aber einer kleinen Minderheit an.

Von der Emanzipation zum Holocaust

70. Was verbirgt sich hinter dem Ruf «Hepp, hepp!»? Mit dem Ruf «Hepp, hepp!» sind antijüdische Pogrome in Mitteleuropa verbunden, die im August 1819 in Würzburg ihren Anfang nahmen. Was genau «Hepp, hepp!» bedeuten sollte, ist bis heute ungeklärt. Manche führen die Parole auf den Lock- bzw. Zuruf ans Vieh zurück. Der Ruf «Hepp, hepp!» war jedenfalls Schmähparole und Aufstachelung zur Gewalt in Pogromen in der zweiten Jahreshälfte 1819 in vielen Orten Mitteleuropas.

Der erste dieser Pogrome begann am 2. August in Würzburg und dauerte dort vier Tage. Er kostete mehrere Juden das Leben. Außerdem zerstörte der Mob zahlreiche Häuser und Geschäfte von Juden. Infolge der Gewalt flohen viele Jüdinnen und Juden aus der Stadt. Die Gewalt war eine Reaktion auf wirtschaftlichen Abstieg oder die Angst davor sowie die Gleichberechtigung der Juden. Würzburg war bis 1814 ein eigenständiges Staatsgebilde. Der Verlust der Eigenständigkeit ging einher mit der Emanzipation der Juden, die nun das Recht auf Grunderwerb in der Stadt erhielten. Das ohnehin nationalistisch aufgeladene Klima im Deutschen Bund trug ein Übriges zur Zuspitzung der Lage bei.

Die Gewalt breitete sich von Würzburg auf weitere Städte der näheren und weiteren Region und schließlich auf Orte in ganz Mitteleuropa aus. In diesen Pogromen vermischten sich wirtschaftliche Triebkräfte mit klassischen christlich grundierten Topoi wie dem Vorwurf des Gottesmords sowie nationalistischen Motiven. Sie wurden begleitet von antijüdischer Propaganda in Flugblättern und anderen Schriften. Ende des Jahres kam die antijüdische Gewalt allmählich an ein Ende.

71. Steht bei einbrechenden Aktienkursen Antisemitismus hoch im Kurs? Umfassende und einschneidende Krisen waren und sind Treiber für Judenfeindschaft, das hat zuletzt die Coronapandemie eindrücklich wieder bestätigt (siehe Frage 22 und 60).

Dies gilt auch für wirtschaftliche Krisen bzw. im Kontext von Turbulenzen und einbrechenden Kursen an der Börse. Ein klassisches Beispiel dafür ist die sogenannte Gründerkrise 1873. Die Gründung des Deutschen Reiches zwei Jahre zuvor und damit einhergehende Gesetzesänderungen hatten einen Boom ausgelöst und eine Gründerwelle ausgelöst, die nur kurz anhielt. Die Kurseinbrüche 1873 in Deutschland waren Teil einer weltweiten Börsenkrise, in deren Zuge etliche Banken insolvent gingen und Investoren durch die stark gefallenen Kurse viel Geld verloren. Es dauerte nicht lange, bis einflussreiche Stimmen die Schuld für die Krise bei «den» Juden sahen, die doch die Börsen beherrschen würden. Der Journalist Otto Glagau (1834–1892), ein notorischer Judenhasser, war auch hier tonangebend und übte Einfluss auf breite Kreise aus, da er seine Artikel in der weithin gelesenen Zeitschrift *Die Gartenlaube* publizierte. Viele Publizisten verschiedener politischer Richtungen folgten ihm und bliesen in das gleiche Horn. Der Gründerkrach 1873 verlieh der Verbreitung des Antisemitismus erheblichen Schwung. Abfällig sprach man von den «Börsenjuden», die zuvor schon Weltverschwörungsfantasien bevölkert hatten, die durch die globale Krise nun neue Nahrung erhielten. Damit einher ging das Stereotyp von Geschäfte machenden Juden, die, im Gegensatz zu den ehrlichen deutschen Christen, zu anständiger schaffender Arbeit nicht in der Lage seien.

Solche Vorstellungen kamen auch in späteren Krisen immer wieder zum Vorschein. Auch im Zuge der Finanzkrise 2008 dauerte es nicht lange, bis in einschlägigen Foren und in der Presse über eine jüdische Verschwörung schwadroniert wurde. Dabei waren es nicht nur übliche Verdächtige wie die radikal-islamistische Hamas, die einer «jüdischen Lobby» die Schuld zuschrieben. Alle möglichen Leute fluteten die Diskussionsforen und Kommentarspalten seriöser Medien mit Ergüssen über ein «internationales Finanzjudentum» und «jüdisches Geld» und allerlei ähnlichem judenfeindlichem Unsinn. Während die einen ihre übliche trübe Suppe aus der Krise kochen wollen, suchen andere in Zeiten der Unsicherheit und Ungewissheit für komplizierte Verwerfungen einfache Antworten und werden in den zahlreich angebotenen antisemitischen Verschwörungsmythen fündig.

72. Worum ging es im Berliner Antisemitismusstreit? Dieser Historikerstreit des Kaiserreichs wurde 1879 durch den Aufsatz «Unsere Aussichten» des Historikers Heinrich von Treitschke (1834–1896) in den von ihm herausgegebenen *Preußischen Jahrbüchern* ausgelöst. Treitschke wandte sich darin gegen die Juden, denen er vorwarf, einen «Staat im Staate darzustellen». Er schrieb ihnen die Verantwortung für Judenverfolgungen und die «Judenfrage» zu, betrieb also letztlich eine klassische Täter-Opfer-Umkehr. Eingebunden waren seine antijüdischen Äußerungen in eine generelle Ablehnung einer liberalen Moderne. Treitschke trug als durchaus populärer Vertreter seines Fachs nicht unwesentlich dazu bei, Antisemitismus und die Ablehnung von Moderne und Liberalität eng miteinander zu verknüpfen.

Überdies erwiesen sich Treitschkes Einlassungen als folgenschwere Stichwortgeber für die Nationalsozialisten. In dem 1880 publizierten Aufsatz «Ein Wort über unser Judenthum» schreibt er unter anderem: «Die Zahl der Juden in Westeuropa ist so gering, daß sie einen fühlbaren Einfluß auf die nationale Gesittung nicht ausüben können; über unsere Ostgrenze aber dringt Jahr für Jahr aus der unerschöpflichen polnischen Wiege eine Schar strebsamer hosenverkaufender Jünglinge herein, deren Kinder und Kindeskinder dereinst Deutschlands Börsen und Zeitungen beherrschen sollen». Vor allem die Wendung «Die Juden sind unser Unglück», die er höheren Kreisen in den Mund legt, machte in der nationalsozialistischen Propaganda eine unheilvolle Karriere. Sie prangte ab 1927 auf jeder Ausgabe des judenfeindlichen Kampfblatts *Der Stürmer*.

Treitschkes judenfeindlichen Äußerungen stellten sich zunächst jüdische Autoren entgegen, auf die diese antijüdischen Auslassungen aus der Elite des Deutschen Reiches wie ein Schock wirkten, zumal diese Äußerungen breite Zustimmung fanden. Ein Jahr nach der Veröffentlichung des ersten einschlägigen Aufsatzes Treitschkes brachte sich sein Kollege Theodor Mommsen (1817–1903) gegen ihn in Stellung. Im Dezember 1880 veröffentlichte er den Text «Auch ein Wort über unser Judentum», in dem er Treitschke vorhielt, den Antisemitismus salonfähig zu machen. Mommsen stellte klar, dass die Äußerung über die Juden als «unser Unglück» nur als Treitschkes Auffassung zu verstehen sei, und forderte eine Distanzierung Treitschkes hiervon wie von den anderen hier zitierten antijüdischen Äußerungen. Mommsen war jedoch selbst nicht frei von antijüdischen Denkmustern. Letztlich war auch ihm an einem Verschwinden der Juden gelegen, allerdings durch einen Übertritt der Juden ins Christentum. Dieser Professorenstreit verlief schließlich nach einem weiteren Für und Wider im Sande, wirkte jedoch noch mehrere Jahrzehnte nach.

73. Wer war Wilhelm Marr? Der Publizist Wilhelm Marr (1819–1904) gilt weithin als Urheber des Begriffs Antisemitismus. Zwar nimmt man inzwischen an, dass er nicht der Erfinder war, sieht in ihm aber denjenigen, der entscheidend zur Durchsetzung des bis heute gebräuchlichen Begriffs für die modernen Formen der Judenfeindschaft beigetragen hat. Marr war politischer Journalist und radikal-demokratischer Politiker. 1862 trat er das erste Mal öffentlich als Kritiker der Juden in Erscheinung, als er seinen *Judenspiegel* publizierte. In der Folgezeit radikalisierte er sich von einem Befürworter einer beschleunigten Assimilation der Juden hin zu einem Kämpfer gegen eine vermeintliche jüdische Weltherrschaft. Bekannt wurde er mit seiner 1879 veröffentlichten Schrift *Der Sieg des Judenthums über das Germanenthum*, die zahlreiche Auflagen erlebte und ihm einige Prominenz als Antisemit verschaffte. Er gründete noch im gleichen Jahr die Antisemitenliga, die allerdings nach wenigen Jahren einging. Marr war bald darauf kaum mehr als ein Zaungast des Antisemitismus-Diskurses, den andere dominierten.

Zu den neuen beherrschenden Personen des Diskurses sollte bald darauf Theodor Fritsch (1852–1933) gehören, der zunächst in der sächsischen Antisemitenszene umtriebig war und 1887 schließlich seinen *Antisemiten-Katechismus* veröffentlichte, der ab 1907 unter dem Titel *Handbuch der Judenfrage* zum Klassiker und Longseller der modernen Judenfeindschaft avancierte. Anders als Marr wandte Fritsch sich vehement gegen die Emanzipation der Juden und forderte ihre Entfernung aus Deutschland. Fritsch radikalisierte sich zusehends und sprach immer mehr der Gewalt das Wort.

Neben Fritsch empfahl sich ebenfalls in den 1880er Jahren auch der Orientalist Paul de Lagarde (1827–1891) für die unselige Ahnengalerie des Antisemitismus. Er verfocht einen radikalen Antisemitismus, in den auch das Repertoire des alten Judenhasses einfloss – das Bild vom «Wucherjuden» und seine Herrschaft über die Finanzwelt (siehe Frage 43) etwa. Er lieferte späteren Fürsprechern mörderischer Ansätze eine Reihe ausdrucksstarker Äußerungen; am bekanntesten sollte seine Analogie zu Bakterien werden: «Mit Trichinen und Bazillen wird nicht verhandelt, Trichinen und Bazillen werden auch nicht erzogen, sie werden so rasch und so gründlich wie möglich vernichtet.»

Damit wurde er zum Stichwortgeber eines neuen Rassenantisemitismus, den der deutsch-britische Autor Houston Stewart Chamberlain (1855–1927) in seinem 1899 erschienenen Hauptwerk *Die Grundlagen des neunzehnten Jahrhunderts* zuspitzte. Chamberlain schrieb einer germanischen Rasse, die er sehr viel weiter als gemeinhin üblich fasste, alle zivilisatorischen und kulturellen Errungenschaften zu. Ihr Gegenspieler sei die jüdische Rasse, die kulturzerstörerisch und destruktiv wirke. Zwischen diesen beiden Rassen werde ein Kampf ausgetragen, der in letzter Konsequenz bis zur Vernichtung der jüdischen Rasse ausgefochten werden müsse. Chamberlains Werk fand weite Verbreitung und prominente Anhänger, unter ihnen Kaiser Wilhelm II. (1859–1941). Chamberlain gehörte in den 1920er Jahren zu den Anhängern Hitlers.

74. Ist Charles Darwin einer der Väter des «modernen» Antisemitismus? Der britische Naturforscher Charles Darwin (1809–

1882) wird häufig mit Antisemitismus und der NS-Ideologie in Verbindung gebracht. Er legte mit seinen Forschungen und Veröffentlichungen wichtige Grundlagen für die Evolutionsbiologie. Insbesondere seine Darlegungen zur natürlichen Auslese bei Pflanzen und Tieren in seinem 1859 veröffentlichten Hauptwerk *Über die Entstehung der Arten im Tier- und Pflanzenreich* dienten Antisemiten und Rassisten als Begründung ihrer Ideologie. Sie übertrugen Darwins Überlegungen auf die Menschen und begründeten den später so genannten Sozialdarwinismus. Demzufolge überlebten – wie bei Pflanzen und Tieren – die Stärkeren. Dies wurde kombiniert mit der irrigen Annahme, es gebe verschiedene menschliche Rassen mit unterschiedlich gutem Erbgut. Daher gelte es, um das Überleben der eigenen Rasse zu sichern, das kollektive Erbgut zu verbessern, um im Kampf mit anderen Rassen als der Stärkere zu bestehen. Daraus entwickelte sich die Idee der Rassenhygiene, die in zwei entgegengesetzte Richtungen wirken müsse, um eine Nation bzw. Rasse zu stärken: Zum einen gelte es, die Fortpflanzung derjenigen zu unterbinden, die als «rassisch minderwertig» angesehen werden. Der Kreis derjenigen fiel je nach ideologischer Ausrichtung größer oder kleiner aus. Die Nationalsozialisten fassten diesen recht weit. Zum anderen sollte die Fortpflanzung der als «rassisch wertvoll» betrachteten Menschen befördert werden. Diese als Sozialdarwinismus bezeichnete Weltsicht war die zentrale Grundlage im Denken vieler Antisemiten seit dem späteren 19. Jahrhundert. Vor allem fußte hierauf im Wesentlichen auch die NS-Ideologie. Darwins bahnbrechende Erkenntnisse waren somit einzig Ausgangspunkt eines «modernen» oder «rassischen» Antisemitismus, weil sie fälschlicherweise auf die Menschen übertragen wurden.

75. Hat Richard Wagner Antisemitismus in die Oper geholt? Daran, dass der Komponist Richard Wagner (1813–1883) Antisemit war, gibt es keinen Zweifel. Überdies bewegten er und seine Familie sich in einem Umfeld, das tief durchdrungen war vom Hass auf die Juden. Wagners Tochter Eva heiratete 1908 Houston Stewart

Chamberlain (1855–1927), einen einflussreichen Verfechter des Antisemitismus, dessen Hauptwerk *Die Grundlagen des neunzehnten Jahrhunderts* (1899) zu einem wirkmächtigen Klassiker der antisemitischen Literatur wurde. Zu dem Kreis der «Wagnerianer», die in Bayreuth zusammenfanden und ihren Hass auf Juden pflegten, gehörte seit den 1920er Jahren auch Adolf Hitler (1889–1945). Das «Haus Wagner» war zweifelsfrei seit der zweiten Hälfte des 19. Jahrhunderts ein Zentrum eines Antisemitismus, der gepaart war mit einem Germanenkult.

Grundlagen hierfür legte Richard Wagner selbst, indem er 1850, anfangs noch unter dem Pseudonym «K. Freigedank», die Schrift *Das Judentum in der Musik* veröffentlichte. Hierin wettert Wagner nicht nur gegen jüdische Musiker, sondern gegen Juden allgemein. Diese könnten auch durch die Taufe nicht ihre abstoßenden Eigenschaften abstreifen. Wagner beklagte einen übermächtigen jüdischen Einfluss im Kulturleben und sprach Juden jedwede Fähigkeit zu schöpferischem Handeln ab. Wagners Schrift ist durchdrungen von Neid auf seinerzeit erfolgreichere jüdische Kollegen wie Giacomo Meyerbeer (1791–1864), den er jedoch nicht namentlich nennt. 1869 erschien eine erweiterte Fassung des Pamphlets unter Wagners Namen.

Nach außen trat Wagner nach der erweiterten Neuauflage dieser Schrift nicht mehr mit antisemitischen Tiraden in Erscheinung. Der Text, beflügelt von dem später zelebrierten Wagner-Kult, entfaltete dennoch eine große Wirkung. Ob jedoch der Judenhass Wagners auch Eingang in seine Opern fand, ist in der Forschung umstritten. Einige Forscher machen eine Reihe Figuren in Wagners Opern aus, in denen sie antisemitische Karikaturen erkennen. Unbestritten jedoch ist Wagners große Bedeutung für einen Kulturantisemitismus, der bereits in Wagners Ausführungen Merkmale des Rassenantisemitismus aufweist.

76. Borkum – ein Ferienparadies für Antisemiten? Im deutschen Kaiserreich entdeckte eine Reihe von beliebten Urlaubs- und Kurorten den Judenhass als Werbemittel für sich. Hotels und

Gaststätten, aber auch ganze Ortschaften warben für sich mit dem Label «judenfrei». Besonders hervorgetan hat sich dabei die Nordseeinsel Borkum. 1910 warnte der *Praktische Reiseführer: Die Nordsee-Bäder* Juden ausdrücklich vor einer Reise nach Borkum, da ihnen dort drohe, «von den zum Teil sehr antisemitischen Besuchern in rücksichtslosester Weise belästigt zu werden». Wer dennoch die größte der ostfriesischen Inseln besuchte, konnte Zeuge werden, wie die Kurkapelle «Wir grüßen heut im frohen Lied Borkum» spielte und die Badegäste mit Begeisterung unter anderem mitschmetterten:

«Doch wer dir naht mit platten Füßen
Mit Nasen krumm und Haaren kraus
Der soll nicht deinen Strand genießen
Der muß hinaus! Der muß hinaus! Hinaus!»

Das Lied war bis in die NS-Zeit hinein sehr beliebt bei den Urlaubern.

Das Phänomen des sogenannten Bäder-Antisemitismus war verbreitet. Jüdische Zeitungen veröffentlichten sogar zum Schutze ihrer Leserschaft umfangreiche Listen mit Lokalen und Hotels, die sich in ihrer Reklame explizit judenfeindlich gaben. Der Historiker Frank Bajohr führt die Judenfeindschaft in diesen Urlaubsorten jedoch weniger auf einen speziell dort verbreiteten Antisemitismus zurück, sondern sieht darin eine Reaktion auf Erwartungen und Forderungen vieler nichtjüdischer Gäste. Kam man dem einmal entgegen, verstärkte sich die Entwicklung selbst, da mehr judenfeindliche Urlauber angezogen wurden. Umgekehrt gilt dies auch für solche Reiseziele, die um jüdische Gäste warben und bald als «Judenbäder» verschrien waren.

Dass der in der Gesellschaft weit verbreitete Antisemitismus sich auch im Urlaub und an den Reiseorten manifestierte, kann kaum überraschen. Dementsprechend trat das Phänomen auch in anderen Ländern Mittel- und Osteuropas auf.

77. Was und wen klagte Émile Zola mit seinem Artikel «J'accuse» an? Am 13. Januar 1898 veröffentlichte der französische Schriftsteller Émile Zola (1840–1902) in der Pariser Zeitung *L'Aurore* einen offenen Brief, dessen Titel «J'accuse» («Ich klage an») sprichwörtlich werden sollte, der seinem Verfasser jedoch auch eine Klage des französischen Kriegsministers und die Verurteilung zu einer Geldstrafe und einjährigen Haftstrafe einbrachte. Dem entzog sich Zola durch Flucht ins Ausland. Worum aber ging es?

Drei Jahre zuvor war der jüdische Hauptmann Alfred Dreyfus (1859–1935) wegen Hochverrats zugunsten Deutschlands degradiert und lebenslänglich verbannt worden. Dabei stützten sich Gericht und Armee vor allem auf antisemitische Vorurteile, weniger auf Beweise, denn Dreyfus war unschuldig. Er wurde auf die Teufelsinsel in Französisch-Guayana verbannt, von wo aus er weiter für seine Rehabilitation kämpfte. Das einzige vermeintliche Beweisstück stellte sich zwei Jahre nach seiner Verurteilung als Fälschung heraus. Dreyfus fand zahlreiche Mitstreiter, von denen Zola sicher der bekannteste war. Dessen offener Brief befeuerte die Auseinandersetzung erheblich.

Dreyfus erreichte schließlich eine Revision des Urteils und kehrte 1899 nach Frankreich zurück, wurde aber, auch auf Grund manipulierter Beweise, erneut verurteilt. Wegen einer Begnadigung durch den Präsidenten wurde Dreyfus dann freigelassen. Seine Rehabilitation erreichte er jedoch erst im Sommer 1906. Die Dreyfus-Affäre wurde weit über Frankreich hinaus verfolgt und löste in zahlreichen Ländern Europas Debatten aus.

Zolas Brief hatte eine Grundsatzdebatte in Frankreich zur Folge, an deren Ende sich sein Lager durchsetzte. Dies schlug sich vor allem in einem Gesetz zur Trennung von Kirche und Staat nieder.

78. Warum sollte niemand wissen, wie viele Juden im Ersten Weltkrieg in der deutschen Armee waren? Der Erste Weltkrieg, vor allem eine gewisse nationale Euphorie zu Beginn, ließ im deutschen Judentum die Hoffnung aufkommen, nun die Aussicht auf Verwirklichung der vollen Gleichberechtigung zu haben. Dies trog, wie sich schnell herausstellen sollte. Das machte sich vor allem an zwei Themen fest, der sogenannten »Ostjudenfrage» und einer antisemitisch grundierten Kampagne gegen «Drückeberger» und «Kriegsgewinnler».

Das Deutsche Reich erlebte während des Krieges eine vermehrte Zuwanderung von Jüdinnen und Juden aus Osteuropa, die man pauschal als «Ostjuden» zu denunzieren versuchte. Sie würden umstürzlerisches Gedankengut einschleusen, hieß es unter anderem. Auch in Teilen des deutschen Judentums stieß diese Einwanderung auf wenig Gegenliebe, fürchtete man eine dadurch verursachte oder zumindest begünstigte Zunahme des Antisemitismus.

Kampagnen gegen «Drückeberger» und «Kriegsgewinnler», die antisemitische Kreise lancierten, erhielten mit spürbaren Versorgungsproblemen im Winter 1915/16 erheblichen Aufwind. Zahlreiche Pamphlete zeichneten in Wort und Bild ein drastisches Bild von Juden, die sich feige und erfolgreich vor der Front drücken und aus dem Krieg ihren Profit ziehen würden, während das (nichtjüdische) deutsche Volk hungere und die Soldaten an der Front seien.

Am 11. Oktober 1916 ordnete das preußische Kriegsministerium schließlich eine «Judenzählung» im deutschen Heer an. Es gab vor, damit den antisemitischen Vorwürfen entgegentreten zu wollen, tatsächlich aber war diese Zählung, so Peter Schäfer, «in ihrer Intention und ihren Folgen eine vom Militär inszenierte staatliche Sanktionierung des Antisemitismus».

Das Ergebnis fiel mit rund 100 000 Juden im Militär, von denen 80 Prozent an der Front eingesetzt seien, von denen 12 000 gefallen und 2000 Offiziere seien, nicht wie erhofft aus und wurde daher unter Verschluss gehalten. Dadurch nährte man, ob gewollt oder nicht, zusätzlich die Spekulationen der Antisemiten. Die Veröffentlichung nach dem Krieg konnte den entstandenen Schaden ebenso wenig auffangen, wie die unermüdliche Gegenaufklärung des Reichsbunds Jüdischer Frontsoldaten und anderer der fortgesetzten Schmähung der Juden als «Drückeberger» ein Ende bereiten konnte.

79. Wurde eine jüdische Weltverschwörung sorgfältig protokolliert? Bis heute kursieren in antisemitischen Kreisen die sogenannten *Protokolle der Weisen von Zion.* Diese vermeintlich geheimen *Protokolle* haben keine reale Grundlage und sind ein plumper antisemitischer Text vermutlich des zaristischen Geheimdienstes Russlands. Obwohl ihre Herkunft längst als Fälschung entlarvt worden ist, sind sie bis heute ein Schlüsseldokument des weltweiten Antisemitismus. Unter welchen Umständen genau das Pamphlet entstand, ist ungewiss. Seit Anfang des 20. Jahrhunderts fanden die *Protokolle* rasch Verbreitung; auf Deutsch lagen sie ab 1920 gedruckt vor. Nach acht Auflagen erschien das Buch fortan im NS-Parteiverlag, und es hatte 1933 bereits die 33. Auflage erreicht.

Die mit dem Buch verbreitete Vorstellung einer Weltverschwörung eines imaginierten Weltjudentums, das auf einer Geheimkonferenz die Übernahme der Weltherrschaft beschlossen habe, fiel in Teilen der deutschen Gesellschaft ungeachtet der frühen Entlarvung als Fälschung auf fruchtbaren Boden und war Wasser auf die Mühlen vieler völkischer Gruppierungen. Die in den *Protokollen* herbeifantasierte jüdische Strategie, die Weltherrschaft mittels Dominanz vor allem im Wirtschafts- und Finanzsektor sowie im Kulturleben zu erlangen, spielte auch in der NS-Ideologie und -Propaganda eine wichtige Rolle. Der Parteiideologe Alfred Rosenberg (1893–1946) veröffentlichte 1923 eine Schrift *Die Protokolle der Weisen von Zion und die jüdische Weltpolitik*, die sich gut verkaufte. Hitler griff auf das Machwerk in *Mein Kampf* zurück und war bis zu seinem Ende von der Idee einer «jüdischen Weltverschwörung» geradezu besessen. Bis heute finden die *Protokolle* eine weite Verbreitung, unter anderem im arabischen Raum sind sie nach wie vor populär.

80. Steckten «die Juden» hinter dem Kommunismus? Es ist eine sehr alte und hartnäckige Vorstellung, dass die Idee des Kommunismus auf jüdische Denker zurückgeht und dass die kommunistischen Parteien und später auch Regierungen von Juden dominiert worden seien. Schon Karl Marx (1818–1883), dem Begründer und Vordenker des Kommunismus, wurde unterstellt, er sei Jude. Dabei war Marx selbst nicht frei vom Antisemitismus seiner Zeit. Später verdichtete sich die Vorstellung vom jüdischen Kommunismus im Schlagwort der «Judäokommune», das unter anderem in Polen einen, zum Teil bis heute spürbaren, Einfluss ausübte. Die Vorstellung gipfelte in dem Verschwörungsmythos, dass Juden zum einen als Lenker des Kommunismus bzw. Bolschewismus, zum anderen als die eigentlich beherrschende Macht der internationalen Finanzwelt Hand in Hand die Weltherrschaft anstrebten bzw. schon innehätten.

Diese antisemitische Wahnidee hatte ihre Anknüpfungspunkte darin, dass sowohl bei den Bolschewiki im russischen Zarenreich bzw. der frühen Sowjetunion als auch in kommunistischen und revolutionären Bewegungen, die mancherorts in Mitteleuropa nach dem Ersten Weltkrieg zeitweise die Herrschaft errangen oder darum kämpften, einige führende Funktionäre jüdischer Herkunft waren. Das galt beispielsweise für Ungarn oder für die Kommunisten und Sozialisten im Spartakusbund und der Unabhängigen Sozialdemokratischen Partei Deutschlands in der Weimarer Republik. Mit Kurt Eisner (1867–1919), Ernst Toller (1893–1939) oder Erich Mühsam (1878–1934) zum Beispiel waren einige führende Vertreter Bayerns und der kurzlebigen Münchener Räterepublik 1919 jüdischer Herkunft. Dem religiösen Judentum hatten sie freilich schon lange abgeschworen, was in der Wahrnehmung weiter Teile der Bevölkerung jedoch keine Rolle spielte. Auch in der Propaganda der Nationalsozialisten und in Hitlers Vorstellung spielte die vermeintliche Identität des Kommunismus mit «den» Juden eine große Rolle und geisterte als Schlagwort vom «jüdischen Bolschewismus» durch die Köpfe und Gazetten. Dazu gehörte auch, manch führendem kommunistischen Funktionär eine jüdische Herkunft anzudichten.

81. Haben sich Juden denn überhaupt nicht gewehrt? Immer wieder wurde Juden vorgehalten, sich nicht zu wehren gegen Antisemitismus und Verfolgung. Es gab auch innerjüdische, mitunter hitzig geführte Debatten hierüber, etwa über die Notwendigkeiten, Möglichkeiten und Gefahren von Widerstand gegen die nationalsozialistische Verfolgung und Vernichtung. Die meist im Nachhinein geäußerten Anwürfe sind oft nicht frei von einer (Selbst-)Entlastungssehnsucht von Nichtjuden. Sie verkennen zudem die historischen Kontexte und Kräfteverhältnisse und ignorieren vor allem auch die Abwehrbemühungen, die es zu allen Zeiten von Juden gegeben hat.

Gegen ihre Verfolgung und Ermordung durch die Nationalsozialisten und deren Helfer zum Beispiel haben sich Jüdinnen und Juden auf vielfältige Weise gewehrt: durch gegenseitige Hilfe und Solidarität, durch Sabotageakte, durch organisierten politischen und bewaffneten Widerstand in Partisanenverbänden, in Ghettos und Lagern. Bekannteste Beispiele sind der Aufstand im Warschauer Ghetto, die Partisanen unter Führung der Bielski-Brüder, die Aufstände in den Vernichtungslagern Treblinka und Sobibor und andere mehr.

Die jüdischen Widerstandskämpferinnen und -kämpfer konnten auf eine lange Geschichte des Abwehrkampfes von Juden vor dem Holocaust zurückblicken. Dieser wurde oft verbal in Debatten ausgetragen. Im sogenannten Berliner Antisemitismusstreit argumentierten zunächst fast nur jüdische Intellektuelle gegen die antisemitischen Auslassungen des Historikers Heinrich von Treitschke (siehe Frage 72); der Reichsbund jüdischer Frontsoldaten trat den Verleumdungen der Juden als «Drückeberger» und «Kriegsgewinnler» entgegen (siehe Frage 78).

Ein wichtiges Mittel der Abwehrarbeit sah der Centralverein deutscher Staatsbürger jüdischen Glaubens, die wichtige Instanz der Vertretung jüdischer Interessen, im Kaiserreich und auch in der Weimarer Republik in der Aufklärung der Öffentlichkeit über antisemitische Vorfälle. Ergänzt wurde dies durch Publikationen über Leistungen der jüdischen Bevölkerung in allen Bereichen des politischen und gesellschaftlichen Lebens. Hierdurch hoffte man, möglichst viele aus der Masse der «Neutralen» auf die eigene Seite ziehen und weniger anfällig für die Propaganda der Antisemiten machen zu können. Mancherorts beließen es Juden aber nicht bei einer Abwehr in Worten, sie stellten sich, wenn es sein musste, den Antisemiten auch mit körperlichem Einsatz in den Weg. Auch heute noch treten meist zunächst vor allem Juden und jüdische Institutionen wie der Zentralrat der Juden in Deutschland antisemitischer Gewalt und Verunglimpfung entgegen.

82. Haben die Nationalsozialisten den Antijudaismus des Mittelalters kopiert? Eine Reihe von antijüdischen Maßnahmen, die die Nationalsozialisten ab 1933 einführten, griffen auf mittelalterliche Vorbilder zurück: Juden wurde die Ausübung mancher Berufe verboten, sie wurden wirtschaftlich eingeschränkt. Nach Kriegsbeginn wurden im deutsch besetzten Ostmitteleuropa in vielen Orten Ghettos eingerichtet, in denen Juden leben mussten. Auch dies hatte mit den Ghettos in Venedig ab 1516 und an anderen Orten eine lange Geschichte, auch wenn sich die modernen Ghettos der Nationalsozialisten fundamental von den frühneuzeitlichen unterschieden (siehe Frage 67). Auch die Idee, dass Jüdinnen und Juden ein besonderes Kennzeichen tragen mussten, damit man sie von den Nichtjuden unterscheiden konnte, war nicht neu. Ab dem 15. September 1941 mussten Juden in Deutschland einen gelben Stern mit der Aufschrift «Jude» tragen, in den besetzten Ländern wurden nach und nach gleiche oder ähnliche Kennzeichnungen verordnet. Bereits im Mittelalter hatten Juden vielerorts besondere Kennzeichen tragen müssen, etwa einen spitzen gelben Hut oder einen gelben Stoffflicken.

Das Anknüpfen an mittelalterliche oder frühneuzeitliche Formen der Stigmatisierung von Juden kann auch als ein Mittel der Täuschung und Beruhigung der jüdischen Bevölkerung gesehen werden, was den Nationalsozialisten wiederum die Durchführung ihrer antijüdischen Politik erleichterte. Da die jahrhundertealten Formen der Diskriminierung durch die Überlieferungen vielen Jüdinnen und Juden präsent waren, stellten manche einen historischen Bezug her, demzufolge man diesmal die Drangsal wie damals auch überstehen werde.

Dies war eine Illusion, da die Nationalsozialisten weit über die Nachahmung mittelalterlicher Verfolgungsinstrumente hinausgingen und ihren Maßnahmen ein rassistisches Verständnis zugrunde legten. Dass ein moderner Staat alle seine Ressourcen auf die Verfolgung und später die Ermordung aller Juden in seinem Herrschaftsgebiet richtete, auch wenn dies in manchen Bereichen Nachteile mit sich bringen mochte, war eine ganz andere und neue Qualität. Dies gilt noch viel mehr für die Totalität des Vernichtungswillens und die daraus abgeleitete Politik und ihre Dimensionen. Die Parallelen zu einzelnen mittelalterlichen Methoden waren darin nur oberflächlich gesehen Wiederholungen.

83. War der Antisemitismus der ideologische Kern des Nationalsozialismus? Der Antisemitismus spielte im Programm der NSDAP eine zentrale Rolle. In diesem Punkt war sie keine Ausnahme unter den zahlreichen völkischen judenfeindlichen Parteien in Deutschland und Europa. Das auf 25 Kernforderungen reduzierte Parteiprogramm von 1920 konzentrierte sich in einigen Punkten direkt oder indirekt auf die «Judenfrage», wie es weit über die NSDAP hinaus im Jargon der Zeit hieß. Jüdinnen und Juden sprach das Parteiprogramm den Status von Staatsbürgern ab, andere Programmpunkte («Brechung der Zins-Knechtschaft») bedienten sich antisemitischer Stereotype, so dass es gar nicht notwendig war, Juden als Hauptziel ausdrücklich zu nennen. In der Propaganda und den vielfältigen politischen Aktionsformen der NSDAP war Antisemitismus während der gesamten Weimarer Republik ein wichtiges Element, sei es unmittelbar in judenfeindlicher Agitation gegen jüdische Politiker und andere Persönlichkeiten, sei es mittelbar im Kampf gegen Bolschewismus, Kapitalismus, Liberalismus als vermeintlich jüdische oder jüdisch gesteuerte Kräfte.

Der Antisemitismus der Nationalsozialisten war nicht originell, er speiste sich aus jahrhundertealten Versatzstücken christlichen Judenhasses ebenso wie aus den Konstrukten eines modernen, sich wissenschaftlich gebenden Rassenantisemitismus. Originär nationalsozialistisch hingegen war die Entwicklung von einem auf Ausschluss wirkenden Antisemitismus hin zu der eliminatorischen Politik, alle Juden, derer man habhaft werden konnte, zu ermorden. Dies rückte neben der Expansion Deutschlands mit dem Regierungsantritt Hitlers 1933 in den Mittelpunkt der Politik. Beides war eng miteinander verknüpft. So sollte die Bekämpfung der Juden im Innern, ihr Ausschluss aus der Gesellschaft und die Schaffung einer rassereinen «Volksgemeinschaft» die Grundlage für ein starkes Deutschland schaffen, das perspektivisch nicht nur die Herrschaft über Europa, sondern über die ganze Welt erringen würde. Die Ausweitung des deutschen Herrschaftsgebiets, der Krieg wiederum waren Voraussetzung dafür, eine radikale «Lösung» der «Judenfrage» zu entwickeln und umzusetzen – den Massenmord an allen Jüdinnen und Juden, die unmittelbar im deutschen Herrschaftsbereich lebten oder die von den Verbündeten ausgeliefert wurden.

Der Judenhass war tatsächlich der ideologische Kern von Hitlers Weltanschauung und der nationalsozialistischen Ideologie. Dazu gehörte die «Rassenpolitik» insgesamt, die die Utopie einer «rassereinen» und dadurch starken «Volksgemeinschaft» verfolgte. Dies sollte grundsätzlich auf zwei Wegen erreicht werden – durch die Förderung der Vermehrung der als «rassisch wertvoll» angesehenen Bevölkerungsteile auf der einen Seite und die Verhinderung einer Fortpflanzung jener Menschen, die man als «minderwertig» ablehnte. Zu dieser Gruppe gehörten die Jüdinnen und Juden, aber auch Menschen mit Behinderung und unheilbar Kranke, Sinti und Roma, Homosexuelle, Schwarze, Menschen, die man als «arbeitsscheu» abqualifizierte, die wiederholt kriminell auffällig geworden waren und die andere Formen unerwünschten Verhaltens an den Tag legten. Die Bekämpfung dieser Menschengruppen nahm zunehmend mörderische Züge an, insbesondere seit Kriegsbeginn. Teilweise jedoch beschränkte man sich auf andere Formen einer negativen Eugenik wie die Zwangssterilisation, der viele Homosexuelle, Sinti und Roma oder Schwarze unterworfen wurden.

Zwar begründeten die Nationalsozialisten ihre antisemitische Politik ausschließlich rassisch, doch auch ihre Propaganda und Maßnahmen waren durchzogen von den jahrhundertealten antijüdischen Stereotypen und Motiven, die nach wie vor tiefsitzende Vorurteile und Affekte der Menschen ansprachen. Sie verbanden beides miteinander und richteten das staatliche Handeln daran aus, bis hin zum umfassenden Mord an den europäischen Juden.

84. War der Novemberpogrom 1938 ein Rückfall ins Mittelalter? Der im November 1938 von den Nationalsozialisten angezettelte Pogrom in Deutschland war eine tagelange Gewaltorgie gegen Jüdinnen und Juden, gegen ihre Wohnungen und Geschäfte. 1300 bis 1500 Juden fielen der Gewalt der Täter zum Opfer, über 30 000 jüdische Männer wurden in Konzentrationslager gesperrt, um ihre Ausreise zu erpressen, und hunderte Synagogen wurden zerstört und niedergebrannt, tausende Wohnungen verwüstet. Beteiligt daran waren bei weitem nicht nur Parteimitglieder, SA-Männer und HJ-Jungen, sondern auch sprichwörtlich ganz normale Nichtjuden.

Die archaisch anmutenden Formen der Gewalt und Zerstörungswut schockierten nicht nur Betroffene. Beobachter wie nachgeborene Betrachter des Geschehens bemühten den Topos vom «Rückfall in die Barbarei», der bereits auf die Schlachten des Ersten Weltkriegs angewendet worden war, um das vermeintlich Unzeitgemäße dieser Brutalität und den tiefen Einschnitt, den der Novemberpogrom darstellte, sprachlich zu fassen. Hierzu gehört auch die Verwunderung, dass so etwas im «Land der Dichter und Denker» oder im «Lande Goethes und Schillers» möglich sei.

So nachvollziehbar der Gebrauch solcher Topoi gerade durch schockierte Betroffene und Zeitgenossen auch ist, so übersehen sie die Kontinuität antijüdischer Gewalt auf dem Gebiet des späteren Deutschen Reichs über das Mittelalter und die Frühe Neuzeit hinaus bis weit ins 19. Jahrhundert hinein. Auch im 20. Jahrhundert gab es immer wieder Ausschreitungen gegen Juden. Neu im November 1938 waren das Ausmaß, der systematische Charakter und die, wenn auch propagandistisch notdürftig getarnte, staatliche Initiative und Lenkung. Was jedes einzelne Opfer dieser Gewalt durchaus wie einen Rückfall oder gar einen Zivilisationsbruch erfuhr und verstand, war letztlich Glied einer langen Kette antijüdischer Gewalteruptionen, die Weiterentwicklung des mittelalterlichen Antijudaismus und seine Anreicherung mit modernen Elementen.

85. Haben die Nationalsozialisten mit der Ermordung der Juden nur umgesetzt, was viele in Europa insgeheim wollten? Antisemitismus war im Europa der Zwischenkriegszeit und lange davor schon weit verbreitet und in praktisch jedem Staat präsent. Überdies regierten in einigen Ländern Faschisten oder nationalistische Kräfte, die in ihrem Bereich auch antijüdische Gesetze wie wirtschaftliche oder berufliche Einschränkungen, begrenzten Zugang für Juden zu Hochschulen und anderes mehr einführten. Auch gab es Überlegungen zu einer forcierten Auswanderung oder gar Vertreibung der jüdischen Bevölkerung. In einigen Regionen, vor allem in Ostmitteleuropa, kam es zudem häufiger zu antisemitischer Gewalt und zu Pogromen (siehe Frage 14), die mitunter von den Behörden geduldet wurden. Keine dieser faschistischen oder autoritären Regierungen jedoch strebte die Ermordung der Juden in ihrem Staat an, geschweige denn darüber hinaus in anderen Ländern. Die Idee zur Ermordung der Juden Europas und perspektivisch der ganzen Welt ging von den Nationalsozialisten aus, wurde von ihnen initiiert und unter ihrer Führung und Verantwortung in die Tat umgesetzt.

Dennoch spielten die antisemitischen Traditionen der deutsch besetzten Länder sowie der Verbündeten eine große Rolle in der Umsetzung des Holocaust. Vielerorts waren die Deutschen auf die Mithilfe Einheimischer angewiesen – in den Verwaltungen, Polizeien etc. Einheimische waren aber auch direkt an den Mordprozessen beteiligt, anders wären die Deutschen nicht in der Lage gewesen, so viele Menschen innerhalb so kurzer Zeit zu ermorden. Einheimische Polizeikräfte verhafteten Juden, brachten sie in Zwischenlager und halfen bei ihrer Deportation; Bahnmitarbeiter in vielen Ländern sorgten für einen reibungslosen Dienstbetrieb für die Deportationszüge; und schließlich ermordeten einheimische Polizisten oder ausländische SS-Verbände direkt Juden, auch waren Feuerwehren, Bürgerwehren und andere an der Ermordung von Jüdinnen und Juden beteiligt. Auch Teile der einheimischen Bevölkerungen unterstützten die Maßnahmen gegen die Juden, indem sie diese denunzierten, wenn sie sich unerlaubt außerhalb von Lagern oder Ghettos aufhielten, geflohene Jüdinnen und Juden an die Polizei auslieferten oder auch selbst töteten und anderes mehr. Vor allem in nationalistischen und antisemitischen Kreisen war mit kaum verhohlener Freude auch die Rede davon, dass die Deutschen ihnen die Arbeit abnehmen würden und das jeweilige Land von den Juden befreiten. Diese Haltung ist in unterschiedlicher Ausprägung und Dimension in allen besetzten Ländern anzutreffen gewesen. Dennoch muss betont werden, dass solche Kräfte vor dem Krieg weit davon entfernt gewesen waren, das politische Ruder im jeweiligen Staat zu übernehmen bzw. die Regierung zu dominieren und in solche Richtungen zu lenken. Ohne deutsche Besatzung und ohne die deutsche Initiative wäre es in keinem der besetzten Länder zur Ermordung der jüdischen Bevölkerung in einem derart umfassenden Ausmaß gekommen.

86. Standen Muslime und Nationalsozialisten Seite an Seite gegen die Juden? Das Verhältnis der Nationalsozialisten zur muslimischen Welt war widersprüchlich. Auf der einen Seite sahen sie Muslime als rassisch minderwertig und unterlegen an, auf der anderen Seite waren sie in der Wahl von Kampfgefährten im Krieg gegen die Sowjetunion und anderswo ebenso wenig wählerisch wie bei der Suche nach Unterstützung für die Ermordung der Juden. So kämpften aufseiten der Wehrmacht und in SS-Verbänden geschätzt rund 250 000 Muslime, darunter ehemalige sowjetische Kriegsgefangene oder Kämpfer aus Bosnien. Dies ist jedoch nur die eine Seite der Medaille, denn in den Reihen der alliierten Streitkräfte standen mindestens drei Millionen Muslime, die gegen die Deutschen und ihre Verbündeten kämpften.

Gleichwohl bemühten sich die Nationalsozialisten zeitweise intensiv um Bündnispartner in der arabischen Welt und unter Muslimen. Von Berlin aus wurde antisemitische Propaganda in den arabischen Raum gesendet. Über Rundfunk versuchten die Nationalsozialisten von Zeesen nahe Berlin aus, gegen Juden bis hin zu deren Tötung aufzuhetzen. Hierfür suchte man auch den Schulterschluss mit Amin al-Husseini (1895–1974), dem Großmufti von Jerusalem. Dieser hatte den sogenannten Arabischen Aufstand von 1936 bis 1939 angeführt, indem er einen Generalstreik ausrief. Dieser eskalierte, zahlreiche Anschläge gegen jüdische Siedler wurden verübt, bei denen zahlreiche Menschen ums Leben kamen. Al-Husseini lebte ab Oktober 1941 in Berlin und war dort Teil der Propaganda für den arabischen Raum. Überdies beteiligte er sich an der Aufstellung einer SS-Gebirgsdivision aus muslimischen Freiwilligen aus Bosnien-Herzegowina.

Al-Husseini repräsentierte aber nur eine radikale Gruppe von Muslimen. Auf der anderen Seite verhielten sich viele Muslime den Juden gegenüber neutral oder aber sie halfen verfolgten und bedrohten Juden. Dies kam nicht nur während des Arabischen Aufstands in Palästina vielfach vor, sondern auch im deutschen Herrschaftsbereich. Der ägyptische Arzt Mohamed Helmy (1901–1982) zum Beispiel versteckte in Berlin in den 1940er Jahren jüdische Freunde und rettete sie so. Für Paris sind die Fälle zweier Diplomaten überliefert, die viele Juden vor der Deportation bewahrten: Abdol-Hossein Sardari (1895–1981) rettete als iranischer Konsul einige iranische Juden und gab Blankodokumente für zahlreiche weitere aus; Behiç Erkin (1876–1961) half als türkischer Diplomat einer unbekannten Zahl von Juden. Eine Reihe weiterer Fälle sind beispielsweise aus Tunesien und anderen Regionen überliefert. Doch auch abseits solch weitreichender und riskanter Hilfe gab es Solidarität und Unterstützung für verfolgte Juden.

Abgesehen von einer oft maßlosen Überschätzung einer nationalsozialistisch-muslimischen Partnerschaft gegen die Juden und vor allem einer Übertreibung der Rolle al-Husseinis war der ideologische Einfluss des Nationalsozialismus erheblich. Nicht zuletzt auf dem Weg der Propaganda von Berlin aus fanden Elemente des klassischen europäischen und rassistischen Antisemitismus ihren Weg in die Region und verschärften in den folgenden Jahren und Jahrzehnten den Konflikt zwischen Juden und Palästinensern.

Bundesrepublik und DDR

87. Bot die Gruppe 47 dem Antisemitismus eine literarische Bühne? Die Gruppe 47 war ein loser Zusammenschluss deutschsprachiger Schriftstellerinnen und Schriftsteller sowie Literaturkritiker, die sich seit 1947 in unregelmäßigen Abständen trafen und ihre Werke diskutierten. Die Gruppe entwickelte sich mit den Jahren zu einem der einflussreichsten Kreise im deutschen Literaturbetrieb. Ihre Treffen fanden bald schon mit großer medialer Begleitung statt. Lob oder Kritik, die häufig sehr direkt und hart geäußert wurden, hatten einen großen Einfluss auf den Erfolg oder Misserfolg von Autorinnen und Autoren. Zu dem Kreis gehörten Personen wie die späteren Literaturnobelpreisträger Heinrich Böll (1917–1985) und Günter Grass (1927–2015) oder der Literaturkritiker Marcel Reich-Ranicki (1920–2013). Auf jedem Treffen wurde ein vorgetragener Text als Sieger prämiert. Zu den Preisträgern und Preisträgerinnen gehörten Ilse Aichinger (1921–2016) und Ingeborg Bachmann (1926–1973) sowie Martin Walser (geb. 1927).

Der Gruppe, die bereits wegen des männlich dominierten, harschen Umgangstons sowie wegen ihres großen Einflusses im Literaturbetrieb angegriffen worden war, wurde Anfang der 2000er Jahre vorgeworfen, die NS-Verbrechen seien ein blinder Fleck gewesen und es habe in ihr ein Antisemitismus-Problem gegeben. Das habe sich in besonderen Vorbehalten gegen jüdische Autorinnen und Autoren und dem Verhalten ihnen gegenüber gezeigt. Untermauert wird dies vor allem mit einer Lesung des jüdischen Dichters Paul Celan (1920–1970), der auf dem Gruppentreffen 1952 in Niendorf sein bekanntes Gedicht «Die Todesfuge» vortrug. Die charakteristische Vortragsart Celans sei mit Gelächter im Publikum quittiert worden, zudem wird die Äußerung eines Teilnehmers kolportiert, ihn erinnere das an Joseph Goebbels (1897–1945), den berüchtigten nationalsozialistischen Propagandaminister. Gestützt hierauf und auf andere Fälle sieht der Germanist

Klaus Briegleb durchaus Formen von Antisemitismus in der Gruppe präsent. Marcel Reich-Ranicki, selbst Jude und Mitglied der Gruppe, wies diese Vorwürfe zurück und sagte, er könne sich an keine antisemitischen Äußerungen erinnern.

88. Haben Antisemiten 1959 unfreiwillig der Aufklärung über die NS-Diktatur erst Schwung verliehen? 1959 gab es in der Bundesrepublik immer wieder antisemitische Schmierereien an Synagogen und auf jüdischen Friedhöfen, über die regelmäßig in der Presse berichtet wurde. Landesweit für Aufsehen sorgte aber erst der Kölner Fall. Dort hatten an Heiligabend zwei Rechtsradikale ein Hakenkreuz und einen antisemitischen Spruch aufgemalt. Die Synagoge war erst ein Vierteljahr zuvor im Beisein von Bundeskanzler Konrad Adenauer (1876–1967) eingeweiht worden, was wesentlich zu dem nationalen und internationalen Echo beigetragen haben dürfte. Vor allem Letzteres führte zu einem gewissen Druck aus dem Ausland, mehr gegen Rechtsextremismus, Neonazis und Antisemitismus zu unternehmen. Da die beiden Täter nur wenige Stunden nach ihrer Tat gefasst worden waren, war umgehend klar, aus welcher politischen Ecke die Schmierereien kamen.

Was nun folgte, war ganz und gar nicht im Sinne der Deutschen Reichspartei (DRP), in der die beiden Mitglied waren und die zahlreiche Alt- und Neunazis in ihren Reihen vereinte. Auf vielen Ebenen wurden nun Anstrengungen unternommen, dem zu begegnen: Mit der Einführung des Volksverhetzungsparagrafen im Strafrecht (siehe Frage 95) wurden die Möglichkeiten der Justiz, gegen solche Erscheinungen vorzugehen, erweitert. Polizei und Verfassungsschutz führten mehrere öffentlichkeitswirksame Aktionen gegen den organisierten Rechtsextremismus durch und die politische Bildung in Schulen und außerhalb davon wurde verstärkt. Auch die Medien reagierten. Im Fernsehen, das damals ausschließlich aus wenigen öffentlich-rechtlichen Sendern bestand, wurden Dokumentationen über den Nationalsozialismus und die Ermordung der Juden gezeigt; es erschienen spürbar mehr Bücher zu diesen Themen. In der Presse gab es überdies verschärft Kritik an den personellen Kontinuitäten in den Verwaltungen, in der Politik, in der Justiz und Polizei etc. Überall dort hatten alte Nationalsozialisten in nicht geringer Zahl zum Teil wieder steile Karrieren absolviert. All diese Anstrengungen wurden nicht allein, aber wesentlich von den antisemitischen Schmierereien angestoßen.

89. War Antisemitismus in der DDR tot oder nur totgeschwiegen? In der DDR, so ist mitunter bis heute zu hören, habe es keinen Antisemitismus gegeben, das habe der quasi zur Staatsdoktrin erhobene Antifaschismus verhindert, der gründlich mit dem Faschismus und seiner Ideologie aufgeräumt habe. Überdies habe dem die reine Lehre des Sozialismus im Wege gestanden, nach der grundsätzlich alle Menschen gleich sind. Vom hehren Anspruch einer sozialistischen und antifaschistischen Gesellschaft war die DDR jedoch weit entfernt. So hat es dort, wie in allen anderen Staaten des sogenannten Ostblocks auch, durchaus Antisemitismus gegeben – sowohl im Alltag als auch in der Politik. Letzteres wird mitunter mit Verweis auf Politfunktionäre mit jüdischer Herkunft zurückgewiesen.

Dass Stalin in der Sowjetunion Ende der 1940er Jahre mit einer antisemitischen Kampagne begann und Juden aus der Politik entfernte, wirkte sich im gesamten sozialistischen Lager Ostmitteleuropas aus. Auch in der Sozialistischen Einheitspartei Deutschlands (SED) begann man mit einer politischen «Säuberung» von Juden, die als «zionistische Agenten» gebrandmarkt wurden. Das erstreckte sich auch auf die jüdischen Gemeinden; zahlreiche Gemeindevertreter und -mitglieder verließen daraufhin Anfang der 1950er Jahre die DDR. Der Tod Stalins im März 1953 ließ zunächst etwas Ruhe einkehren. Mit zunehmendem Engagement der DDR im arabischen Raum und vor allem nach dem Krieg zwischen Israel auf der einen und Ägypten, Syrien und Jordanien auf der anderen Seite im Juni 1967, dem sogenannten Sechs-Tage-Krieg, verschärfte die DDR-Führung ihren Kurs wieder und propagierte einen aggressiven Antizionismus, in dessen Gewande auch klassische antisemitische Stereotype wie das einer jüdischen Weltverschwörung transportiert wurden. Israel wurde mit dem Nationalsozialismus gleichgesetzt, also eine klassische Täter-Opfer-Umkehr vorgenommen. Mit Blick auf die israelische Armee war von «Wehrmacht» die Rede, die 1967 einen «Blitzkrieg» geführt und ein «Groß-Israel» geschaffen habe. Manche Zeitungen in der Bundesrepublik zogen gleichfalls diesen Vergleich mit der Wehrmacht – hier jedoch war dies anerkennend für die Leistungen der israelischen Armee gemeint.

Unter dem Deckmantel eines vermeintlichen Antizionismus konnten so alte und neue Versatzstücke des Antisemitismus für die DDR fruchtbar gemacht werden. Neben diesen partei- und staatsoffiziell artikulierten Formen von Antisemitismus war freilich auch die Gesellschaft in der DDR nicht frei von Antisemitismus. Verwüstungen jüdischer Friedhöfe, antisemitische Parolen und anderes mehr gab es auch hier immer wieder. Eine Studie auf Grundlage von Materialien des Ministeriums für Staatssicherheit kam auf 900 Straftaten, die eindeutig als antisemitisch einzustufen sind. Diese wurden jedoch öffentlich totgeschwiegen.

90. Verschwand mit dem NS-Regime der mörderische Judenhass in Deutschland? Nach dem Massenmord an den europäischen Juden durch die Nationalsozialisten und ihre Helferinnen und Helfer hat es immer wieder auch mörderische Formen des Judenhasses in Deutschland gegeben. Zwar war Antisemitismus politisch nun offiziell geächtet und weitgehend tabuisiert, die zuvor weit verbreitete Judenfeindschaft war damit aber nicht aus den Köpfen entfernt und noch immer inmitten der Gesellschaft präsent.

Gewalt gegen Juden ging in erster Linie von rechtsradikaler Seite aus. Vor allem seit dem Junikrieg 1967 verübten aber auch Linksradikale manche antijüdischen Gewaltakte. Manche Fälle wie ein Brandanschlag auf das jüdische Altenheim in München im Februar 1970, bei dem sieben Bewohner ums Leben kamen, wurden nie aufgeklärt. In anderen Fällen liegen die Dinge klarer zutage. Der sogenannte Erlanger Doppelmord vom Dezember 1980 ist so ein Fall. Ein Täter hatte in Erlangen den jüdischen Verleger Shlomo Lewin (1911–1980) und dessen Lebensgefährtin Frida Poeschke (1923–1980) ermordet. Der mutmaßliche Täter nahm sich selbst das Leben, so dass die genauen Hintergründe nicht restlos aufgeklärt werden konnten. Er gehörte allerdings zu einer neonazistischen Gruppe, so dass es kaum einen Zweifel geben kann, dass ideologische Gründe eine Rolle gespielt haben. Prominente Jüdinnen und Juden, unter anderem die Vorsitzenden des Zentralrats der Juden in Deutschland, bekommen immer wieder Drohbriefe und mitunter sogar potentiell tödliche Paketbomben zugeschickt. Sie erhalten daher in der Regel dauerhaft Personenschutz.

Von linksradikaler Seite sind weniger tödliche Gewaltakte überliefert. Ein gescheiterter Mordanschlag fand am 9. November 1969 statt und hatte die Teilnehmerinnen und Teilnehmer einer Gedenkveranstaltung im Gemeindehaus der Berliner Jüdischen Gemeinde zum Ziel, die sich dort aus Anlass des Jahrestags der Novemberpogrome versammelt hatten. Die linksterroristische Gruppe Tupamaros unter Führung von Dieter Kunzelmann (1939–2018) hatte dort eine Bombe mit Zeitzünder platziert, die jedoch nicht zündete. Die Gruppe wollte damit die palästinensische Fatah in ihrem Kampf gegen Israel unterstützen und die Aufmerksamkeit der westdeutschen Öffentlichkeit vom Vietnamkrieg auf den Nahen Osten lenken. Die Linke, so Kunzelmann, leide unter einem «Judenknacks», der einer Solidarität mit der Fatah im Kampf gegen den Zionismus, sprich: Israel, im Weg stehe. Besondere Brisanz erhielt dieser Anschlag durch die spätere Enthüllung, dass der Westberliner Verfassungsschutz über einen V-Mann die Bombe geliefert hatte.

Auch in jüngerer Zeit kam es immer wieder zu mörderischen Gewalttaten gegen Juden. In Halle scheiterte am 9. Oktober 2019 ein Anschlag eines Rechtsradikalen auf die Besucher der Synagoge (siehe Frage 19).

91. Wollte Rainer Werner Fassbinder dem Antisemitismus eine Bühne bieten? 1985 sollte Rainer Werner Fassbinders (1945–1982) Theaterstück *Der Müll, die Stadt und der Tod* in der Alten Opfer in Frankfurt am Main uraufgeführt werden. Einige prominente jüdische Bürger der Stadt, unter ihnen Ignatz Bubis (1927–1999) und Salomon Korn (geb. 1943), besetzten die Bühne und verhinderten die Aufführung. Sie sahen in dem Drama klassische antisemitische Stereotype in Szene gesetzt. Das Stück ist angelehnt an einen Roman von Gerhard Zwerenz (1925–2015) und war 1975 bereits verfilmt worden; Fassbinder war Co-Autor des Drehbuchs und übernahm eine Hauptrolle in dem Film. Bereits vor der geplanten Uraufführung des Dramas hatte es Kritik an dem Stück gegeben, etwa 1976 nach seiner Publikation vonseiten des damaligen Herausgebers der *Frankfurter Allgemeinen Zeitung*, Joachim Fest (1926–2006).

Der Streit um das Stück entzündete sich vor allem an seiner Hauptfigur. Diese ist ein geldgieriger jüdischer Immobilienspekulant, in dem etliche, die gegen die Aufführung des Dramas protestierten, Ignatz Bubis, den späteren Präsidenten des Zentralrats der Juden in Deutschland, dargestellt sahen. Dieser Immobilienspekulant will Rache an dem Vater einer Prostituierten nehmen, da dieser für den Tod seiner Eltern verantwortlich gewesen sei. Regelmäßig trifft er die Prostituierte zum Reden, ohne dass es dabei zu Sex kommt. Sie wird durch diese Verbindung wohlhabend, vereinsamt aber zusehends. Als sie ihren Vater schließlich wegen seiner Vergangenheit zur Rede stellt und erkennen muss, dass dieser seinen NS-Überzeugungen treu geblieben ist, drängt sie den Immobilienhändler, sie zu töten.

Das Figurenensemble besteht weitgehend aus Angehörigen von Minderheiten, Außenseitern und Verlierern, die mit allerlei Vorurteilen und Klischees belegt werden. Übertreibungen und ironische Brechungen kennzeichnen den Stil ebenso wie Kitsch und überbordendes Pathos. Als problematisch wird dabei angesehen, dass auch antisemitische Stereotype und Äußerungen unwidersprochen stehenbleiben. Die Proteste 1985 verhinderten für lange Zeit eine Aufführung des Dramas in Deutschland. Erst 2009 kam es hier auf die Bühne. Inzwischen wurde es einige Male aufgeführt, unter anderem auch in Israel. Ob das Stück Fassbinders als ein Beispiel für literarischen Antisemitismus gelten kann, ist bis heute umstritten.

92. Was sind «Kontingentflüchtlinge»? Kontingentflüchtlinge sind Menschen, die geflohen sind und in der Bundesrepublik aus humanitären oder anderen Erwägungen aufgenommen werden, ohne dass sie einen Antrag auf Asyl oder dergleichen stellen müssen. Der Staat legt vielmehr ein bestimmtes Kontingent an Menschen sowie die Kriterien fest, wer zu dieser Gruppe gehören soll.

1989/90 reisten vermehrt Juden aus der damaligen Sowjetunion aus, in die USA, nach Israel oder eben nach Deutschland. Unter anderem nutzten sie hierfür Touristenvisa nach Ost-Berlin in die damals noch existierende DDR. Deren Regierung befürwortete eine Aufnahme dieser Menschen aus humanitären Gründen, eine Kehrtwende in der Politik der DDR. Davon ausgehend beschloss Anfang 1991 die Ministerpräsidentenkonferenz des nunmehr vereinten Deutschland die Aufnahme jüdischer Zuwanderinnen und Zuwanderer aus der Sowjetunion und wandte auf sie das Kontingentflüchtlingsgesetz an. Diese Regelung galt bis 2004 und ermöglichte annähernd 220 000 Menschen die Einreise.

Die meist russischsprachigen Zuwanderer stießen auf zahlreiche Schwierigkeiten, von denen manche viele andere, die nach Deutschland kamen, auch betrafen: sozialer Abstieg und damit verbunden eine bis zur Rente oft prekäre Lebenssituation zum Beispiel. Überdies wurden viele der jüdischen Kontingentflüchtlinge als Russen angefeindet und ausgegrenzt – in der Schule, bei der Arbeit und in der Freizeit. Anders als zum Beispiel bei den sogenannten Russlanddeutschen wurde bei jüdischen Kontingentflüchtlingen aber die Arbeitszeit in der Sowjetunion nicht berücksichtigt, so dass erst Arbeitszeiten in der Bundesrepublik für die

Rente zählten, was zu Renten führt, die den Lebensunterhalt bei weitem nicht abdecken können.

Viele der jüdischen Kontingentflüchtlinge hatten die Sowjetunion und ihre Nachfolgestaaten verlassen, um dort weit verbreiteten antisemitisch motivierten Diskriminierungen zu entkommen. In der Sowjetunion wurde die Nationalität in Personalausweisen eingetragen, wobei die Abstammung väterlicherseits ausschlaggebend war. Dies wurde für die Einreise im Rahmen des Kontingents nach Deutschland zugrunde gelegt. In Deutschland jedoch zog dies vielfach eine erneute Ausgrenzung nach sich, da für jüdische Gemeinden gemäß der Halacha, der Rechtsüberlieferung, die Abstammung mütterlicherseits entscheidend ist, ob eine Person als Jude gilt. So blieb mehr als der Hälfte der jüdischen Kontingentflüchtlinge die Aufnahme in eine jüdische Gemeinde versperrt.

In der nichtjüdischen Gesellschaft erlebten etliche eine doppelte Diskriminierung und Anfeindung, als Russen und als Juden. Befeuert wurde dies durch Fälle eines Identitätsbetrugs, die in manchen Medien aufgebauscht wurden, was zu einer Art Generalverdacht gegen alle jüdischen Kontingentflüchtlinge führte.

93. Hat Martin Walser in hohem Alter zum Antisemitismus seiner Jugendzeit zurückgefunden? Der Schriftsteller Martin Walser (geb. 1927) wurde wegen zweier recht unterschiedlicher Wortmeldungen Antisemitismus vorgeworfen. Ihm wurde im Herbst 1998 der alljährlich vergebene Friedenspreis des Deutschen Buchhandels verliehen. In seiner Rede «Erfahrungen beim Verfassen einer Sonntagsrede» anlässlich der Verleihung am 11. Oktober kritisierte er die Art der öffentlichen Auseinandersetzung mit der NS-Diktatur und ihren Verbrechen. Walser monierte, das Gedenken sei in Ritualen erstarrt und die NS-Verbrechen würden «zu gegenwärtigen Zwecken» instrumentalisiert, Auschwitz sei zu einer dauerpräsenten «Moralkeule» verkommen. Implizit sprach er sich für das Recht auf Wegsehen, für eine Privatisierung der Beschäftigung mit dem Holocaust aus.

Die vor hunderten geladenen hochrangigen Gästen gehaltene

Rede stieß auf breite Zustimmung. Zunächst erhob nur der auch anwesende damalige Vorsitzende des Zentralrats der Juden in Deutschland, Ignatz Bubis (1927–1999), im Anschluss an die Veranstaltung deutlich Protest. Er warf Walser vor, als «geistiger Brandstifter» zu agieren, einem Schlussstrich das Wort zu reden und die Grenzen des Sagbaren in Richtung der Rechtsextremen zu verschieben. Walser erhielt auch nach seiner Rede während der Debatte weithin Zuspruch und wurde vehement gegen den Vorwurf des Antisemitismus in Schutz genommen. Die dabei zutage tretenden antijüdischen Ressentiments bestätigten indirekt Bubis' Vorwürfe und Befürchtungen ebenso wie eine Rede des rechtsextremen AfD-Politikers Björn Höcke (geb. 1972) 2017 in Dresden. Dieser griff gewissermaßen Walsers Worte auf und wandte sich gegen das «Denkmal der Schande», das 2005 eingeweihte Denkmal für die ermordeten Juden Europas in Berlin, gegen das sich 1998 auch Walser ausgesprochen hatte, und sagte weiter: «Wir brauchen keine toten Riten mehr», vielmehr forderte er eine «erinnerungspolitische Wende um 180 Grad».

Ein von der *Frankfurter Allgemeinen Zeitung* (FAZ) seinerzeit anberaumtes Gespräch zwischen Walser und Bubis trug wesentlich zu einer Verschärfung der Debatte bei. Walser kritisierte hier eine «Dauerpräsentation unserer Schande», für die er maßgeblich auch die Opfer verantwortlich machte. Es war vor allem die auch hierin sich offenbarende Täter-Opfer-Umkehr, die Experten zu der Einstufung von Walsers Rede als antisemitisch veranlasste.

Wenige Jahre später, im Mai 2002, entfaltete sich erneut eine Antisemitismus-Debatte um Walser, die sich diesmal an einem seiner Romane festmachte. Im Mittelpunkt des Romans *Tod eines Kritikers*, der Ende Juni 2002 erschien, steht der fiktive Star-Literaturkritiker André Ehrl-König, der ermordet wird. In diesem ließ sich unschwer der jüdische Literaturkritiker Marcel Reich-Ranicki (1920–2013) erkennen. Aus diesem Grund lehnte der damalige Mitherausgeber der FAZ Frank Schirrmacher (1959–2014) einen Vorabdruck des Romans in einem offenen Brief an Walser ab, in dem er dem Autor vorwarf, antisemitische Klischees zu verbreiten. Literaturwissenschaftliche Analysen kamen gleichfalls zu dem Ergebnis, dass sich der Roman antisemitischer Topoi bediene.

94. Hat Jürgen Möllemann den Antisemitismus der Mitte sichtbar gemacht? Jürgen Möllemann (1945–2003), der langjährige nordrhein-westfälische FDP-Vorsitzende und zeitweilige Vizekanzler unter Helmut Kohl (1930–2017), sorgte während des Bundestagswahlkampfes 2002 für einen großen Antisemitismusstreit. Die FDP hatte es sich mit ihrem Bundesvorsitzenden Guido Westerwelle (1961–2016) zum Ziel gesetzt, 18 Prozent der Zweitstimmen zu gewinnen, was einer Verdreifachung im Vergleich zur Bundestagswahl 1998 gleichgekommen wäre. Möllemann, der zuvor schon anfällig für Populismus war, gab sich im Wahlkampf als furchtloser Mann klarer Worte, als Tabubrecher, der auszusprechen wage, was eine schweigende Mehrheit denke. In einem Flyer, der eine Auflage von über acht Millionen Exemplaren hatte und unter dem Titel «Klartext. Mut. Möllemann.» an nordrhein-westfälische Haushalte verteilt wurde, griff der Münsteraner Politiker tief in die Mottenkiste antisemitischer Stereotype und Muster. Er agitierte darin gegen den damaligen israelischen Ministerpräsidenten Ariel Scharon (1928–2014) sowie den Moderator und Vize-Vorsitzenden des Zentralrats der Juden, Michel Friedman (geb. 1956). Beiden warf er vor, gegen eine einvernehmliche Lösung des Konflikts zwischen Israelis und Palästinensern zu sein und dem Antisemitismus mehr Zulauf zu bescheren. In den Debatten beharrte Möllemann auf dieser klassischen Täter-Opfer-Umkehr und stilisierte sich zum furchtlosen Kämpfer gegen vermeintliche Denk- und Sprechverbote. Damit wärmte er einen bereits wenige Monate zuvor mit den gleichen Argumenten ausgetragenen Konflikt wieder auf. Wie sich später herausstellte, wurde der Druck des Faltblatts aus illegalen Spenden unbekannter Herkunft finanziert.

Die FDP-Parteiführung hatte Möllemann lange gar nicht oder nur halbherzig widersprochen, distanzierte sich schließlich aber doch von seinen Positionen. Von den Vertretern anderer Parteien und des Zentralrats der Juden in Deutschland gab es deutliche Reaktionen, die vor dem Spiel mit Antisemitismus warnten. Die Zentralrats-Vizepräsidentin Charlotte Knobloch (geb. 1932) nahm in einer Fernsehsendung kein Blatt vor den Mund und sagte: «Möllemann hat sich als Antisemit geoutet.» Die damalige Grünen-Vorsitzende Claudia Roth (geb. 1955) sprach die Befürchtung aus, dass «der Antisemitismus mit einem Champagnerglas in der Hand Einzug nimmt in die politischen Salons». Tatsächlich erhielt Möllemann auch Zuspruch, er selbst führte an, er habe 11 000 zustimmende Mails erhalten. Die Entwicklung der kommenden Jahre sollte zeigen, dass immer häufiger im Zuge einer Kritik an der israelischen Politik im Gestus eines Tabubrechers auch mit antisemitischen Vorstellungen gespielt wird. Dies geschieht nicht nur vonseiten der Rechten und Linken, wo das bereits seit mehreren Jahrzehnten verbreitet war, sondern auch in der bürgerlichen und liberalen Mitte. Hier kann Möllemann durchaus als ein prominenter Wegbereiter angesehen werden. Den Wahlchancen seiner Partei hat Möllemann 2002 vermutlich geschadet, lenkte er doch von den anderen Themen ab. Jedenfalls verfehlte die FDP das 18-Prozent-Ziel mit einem Ergebnis von nur 7,4 Prozent krachend.

Abwehr und Prävention heute

95. Gibt es in Deutschland ein Gesetz gegen Antisemitismus? Ein Gesetz, das sich explizit gegen Antisemitismus richtet, gibt es in Deutschland nicht. Gleichwohl gibt es eine Reihe von Gesetzen, mit denen auch antisemitisch motivierte Delikte in Wort und Tat geahndet werden können. Dies fängt ganz basal mit dem Grundgesetz an, in dem es in Artikel 1 heißt: «Die Würde des Menschen ist unantastbar.» Dieser ebenso grundlegende wie allgemein gehaltene Grundsatz wird in Artikel 3 Absatz 3 Satz 1 konkretisiert: «Niemand darf wegen seines Geschlechtes, seiner Abstammung, seiner Rasse, seiner Sprache, seiner Heimat und Herkunft, seines Glaubens, seiner religiösen oder politischen Anschauungen benachteiligt oder bevorzugt werden.» Wenn auch nicht ausdrücklich, wendet das Grundgesetz der Bundesrepublik sich implizit damit auch gegen Antisemitismus. Ein spürbarer Schutz für Jüdinnen und Juden oder eine greifbare Ahndung antisemitischer Akte folgt daraus jedoch kaum.

1960 verabschiedete der Deutsche Bundestag ein Gesetz gegen Volksverhetzung. Auch wenn dieses unter dem Eindruck einer großen Antisemitismuswelle 1959/60 entstand, werden judenfeindliche Delikte nicht eigens erwähnt. Vielmehr heißt es mit Bezug auf die Unverletzlichkeit der Würde des Menschen allgemein: Mit mindestens drei Monaten Gefängnis wird bestraft, wer «1. zum Haß gegen Teile der Bevölkerung aufstachelt, 2. zu Gewalt- oder Willkürmaßnahmen gegen sie aufruft oder 3. sie beschimpft, böswillig verächtlich macht oder verleumdet». Der Straftatbestand der Volksverhetzung wurde 1985 erweitert, indem in einer Neufassung auch geregelt wurde, dass eine Haftstrafe bis zu fünf Jahren droht, wenn jemand den Holocaust öffentlich «billigt, leugnet oder verharmlost»; bis zu drei Jahre Haft sind möglich, wenn jemand öffentlich «die nationalsozialistische Gewalt- und Willkürherrschaft billigt, verherrlicht oder rechtfertigt». Allerdings muss durch die Tat «der öffentliche

Frieden» gestört werden, wie es heißt. Dies müssen die Gerichte gesondert feststellen. Damit wurde ein zentrales Element des rechtsextremen Antisemitismus unter Strafe gestellt, das in den 1970er Jahren Hochkonjunktur hatte.

Mit dem Internet eröffneten sich auch Antisemiten neue ungeahnte Möglichkeiten, ihren Hass zu verbreiten. Zum einen sank die Schwelle für direkte Beschimpfungen und Bedrohungen einzelner jüdischer Persönlichkeiten, zum anderen bieten die sogenannten sozialen Medien nun für alle eine Plattform, auf der sie fast ungehindert judenfeindliche Stereotype und Anfeindungen verbreiten können. In Reaktion darauf verabschiedete der Deutsche Bundestag im Juni 2020 das Gesetz zur Bekämpfung des Rechtsextremismus und der Hasskriminalität, das unter anderem den Anbietern dieser Plattformen eine Meldepflicht strafbarer Äußerungen auferlegte. Überdies legt das Gesetz fest, dass eine feststellbare antisemitische Motivation strafverschärfend wirken soll. Die noch kurze Erfahrung mit dem neuen Gesetz weist bereits jetzt darauf hin, dass es daran krankt, den Anbietern die Entscheidung über eine mögliche Strafbarkeit zuzuschieben. Diese sind allem Anschein nach nicht willens oder in der Lage, die hierfür notwendigen technischen und personellen Ressourcen aufzubauen. Den Strafverfolgungsbehörden schließlich mangelt es angesichts des Ausmaßes an Hasskriminalität im Internet immer noch an den Kapazitäten für eine wirksame aktive Ermittlungsarbeit aus eigener Kraft. Und schließlich zeigt sich immer wieder, dass es vor allem sensibilisierter und entschlossen agierender Polizei- und Justizarbeit bedarf, die keinen Rechtsextremismus und Antisemitismus in den eigenen Reihen duldet.

96. Was macht eigentlich ein Antisemitismusbeauftragter? Antisemitismusbeauftragte, wie sie landläufig genannt werden, gibt es im Bund seit 2018, in den meisten Bundesländern wurden sie in den Jahren danach eingeführt. Überdies haben manche Staatsanwaltschaften, Polizeien oder auch Kommunen solche Beauftragte eingesetzt. Das Amt des Beauftragten der Bundesregierung für jüdisches Leben und den Kampf gegen Antisemitismus, wie die Bezeichnung vollständig lautet, wurde mit einem fraktionsübergreifenden Beschluss im Januar 2018 vom Deutschen Bundestag ins Leben gerufen und im Mai des Jahres mit Felix Klein (geb. 1968) besetzt, einem gelernten Juristen und Diplomaten, der zuvor im Auswärtigen Amt Sonderbeauftragter für Beziehungen zu jüdischen Organisationen und Antisemitismusfragen war. Als Antisemitismusbeauftragter der Bundesregierung soll er die Maßnahmen des Bundes zur Bekämpfung von Antisemitismus koordinieren und jüdisches Leben in Deutschland sichtbar machen. Die Einrichtung des Amtes geht unter anderem auf Empfehlungen des Unabhängigen Expertenkreises Antisemitismus zurück, die dieser 2017 in seinem Abschlussbericht ausgesprochen hat. Seit 2021 ist der Bundesbeauftragte im Kanzleramt angesiedelt.

Der Einfluss des Amtes ist dennoch begrenzt, Etat und personelle Ausstattung gering. Im Wesentlichen beschränkt sich das Wirken auf die Koordination von Bund und Ländern, die Förderung der Erfassung und Dokumentation antisemitischer Vorfälle sowie die Erforschung von Antisemitismus. Überdies geht es um die Herstellung einer Öffentlichkeit und eine Sensibilisierung für diese Themen, weniger um konkrete Handlungsmacht.

97. Mehr Besuche in Gedenkstätten gleich weniger Antisemitismus? Es ist inzwischen fast schon Ritual geworden: Nach einer antisemitischen oder rechtsextremen Tat, die besonderes mediales Aufsehen nach sich gezogen hat, erheben einzelne Politikerinnen und Politiker die Forderung, den Besuch von KZ-Gedenkstätten für Schülerinnen und Schüler verpflichtend zu machen. Solche Forderungen kommen aus dem gesamten demokratischen Spektrum. 2018 forderte dies zum Beispiel die SPD-Staatssekretärin Sawsan Chebli (geb. 1978), im Jahr darauf die damalige CDU-Bundesvorsitzende Annegret Kramp-Karrenbauer (geb. 1962); auch der Zentralrat der Juden in Deutschland oder der Deutsche Philologenverband, die Interessenvertretung der Gymnasiallehrerinnen und -lehrer in Deutschland, hatten dies bereits gefordert. Laut einer 2020 veröffentlichten repräsentativen Umfrage sind 56 Prozent der Volljährigen in Deutschland ebenfalls für einen verpflichtenden Besuch einer KZ-Gedenkstätte während der Schulzeit. 34 Prozent waren dagegen, 10 Prozent machten keine Angabe.

Von einem Besuch einer Gedenkstätte versprechen sich die Befürworterinnen und Befürworter einer Besuchspflicht über die historische Aufklärung hinaus eine Sensibilisierung für Diskriminierung, Antisemitismus und gruppenbezogene Menschenfeindlichkeit im Allgemeinen. Sie sehen dies als Baustein einer Erziehung zu Demokratie und Toleranz. Gegner einer Verpflichtung sind auch der Auffassung, dass ein mit Vor- und Nachbereitung sinnvoll begleiteter Besuch einer KZ-Gedenkstätte einen wichtigen und nachhaltigen Bildungseffekt in dieser Richtung haben kann. Sie sehen bei einem Besuch als Pflichttermin jedoch die Gefahr, dass dieser eine Abwehrhaltung hervorrufen könnte, da er als «Aufnötigung» empfunden werden könne, wie der ehemalige Leiter der Gedenkstätte Buchenwald, Volkhard Knigge (geb. 1954), zu bedenken gab. Gabriele Hammermann (geb. 1962), die auch zu den Gegnerinnen gehört, wies zusätzlich auf die Gefahr einer Retraumatisierung von Schülerinnen und Schülern mit Gewalt- und/oder Fluchterfahrungen hin. Mitunter wird zudem auf die Praxis in der DDR verwiesen, wo ein Gedenkstättenbesuch fest im Curriculum verankert war. Da die Gedenkstätten bei der Betreuung der Besucherinnen und Besucher teilweise bereits jetzt an den Grenzen ihrer Kapazität sind, wäre eine flächendeckende Verpflichtung von Schülerinnen und Schülern zu einem Besuch ohne einen vorherigen massiven Ausbau der Ressourcen praktisch ausgeschlossen. In den letzten Jahren haben aber einige Bundesländer die Mittel für die Förderung solcher Besuche aufgestockt, um sie dort, wo sie gewünscht werden, zu fördern.

Grundsätzlich kranken Forderungen nach mehr Aufklärung über den Holocaust, sei es durch Gedenkstättenbesuche oder eine Ausweitung des Schulunterrichts über den Holocaust auf mehrere Fächer u. Ä., daran, dass sie das Augenmerk von einer Antisemitismusprävention und -bekämpfung in der Gegenwart in historische Kontexte verlagern. Die vielfältigen Formen des gegenwärtigen modernen Antisemitismus bleiben dabei weitgehend außer Acht.

98. Was ist Krav Maga? Krav Maga ist hebräisch und bedeutet Kontakt- bzw. Nahkampf. Es ist eine Kampftechnik, die Imi Lichtenfeld (1910–1998), ein aus Ungarn stammender jüdischer Sportler, gewissermaßen aus dem Kampf gegen Antisemitismus bzw. gegen Antisemiten heraus entwickelt hat. Er hatte sich in den 1930er Jahren in Bratislava immer wieder gegen faschistische Schläger zur Wehr setzen müssen und sprang auch anderen Juden zur Seite. Sein Vater war Polizist und lehrte in seiner Freizeit Selbstverteidigung. Aus diesen Erfahrungen, sich gegen Antisemiten und ihre Brutalität wehren zu müssen, entstand später Krav Maga. Die antijüdische Gewalt in Bratislava lehrte Lichtenfeld, dass die Realität der Straße andere Methoden erforderte als sportliche Wettkämpfe. 1940 floh er aus Bratislava und gelangte Jahre später nach Palästina. Dort kämpfte er in der sogenannten Haganah für einen unabhängigen jüdischen Staat. In diesem Kontext entwickelte er seine in Bratislava erlernten Straßenkampffertigkeiten zur Nahkampftechnik Krav Maga weiter und lehrte diese. Nach der Proklamation des Staates Israel wurde Imi Lichtenfeld Cheftrainer für körperliche Fitness an der Militärakademie und lehrte dort den Kontaktkampf. Die ansonsten militärisch kaum geschulten jungen Soldaten konnten diese Technik schnell erlernen, da sie auf einfachen Prinzipien beruht, die auch in Stresssituationen funktionieren. Überdies eigneten sie sich auch für Menschen höherer Altersgruppen, die in der israelischen Armee der Frühzeit eine größere Rolle spielten.

99. Warum werden jüdische Kindergärten und Schulen wie Festungen bewacht? Wer durch Berlin spaziert und vor einem Gebäude ein Polizeifahrzeug stehen oder Polizistinnen und Polizisten patrouillieren sieht, kann sicher sein, dass dort entweder ein

Regierungsgebäude, eine Botschaft oder aber eine jüdische Einrichtung ist. Das ist in manchen anderen Ländern wie den USA, Großbritannien und Frankreich auch der Fall, in vielen anderen Ländern jedoch nicht. Warum aber werden in Deutschland jüdische Einrichtungen bewacht?

Die Beantwortung der Frage, warum in Deutschland jüdische Einrichtungen so stark bewacht werden, erübrigt sich eigentlich am Ende dieses Buches. Jüdinnen und Juden sind, wo immer sie als solche erkennbar sind, immer noch massiven Gefährdungen ausgesetzt. Diese gehen klassisch von Neonazis und Rechtsextremisten aus, kommen zunehmend aber auch aus der sogenannten Mitte der Gesellschaft ebenso wie aus militant antiisraelischen und islamistischen Kreisen.

Bei weitem nicht alle jüdischen Einrichtungen sind gut bewacht. Dies hätte im Oktober 2019 in Halle an der Saale beinahe fatale Folgen gehabt. Dort wollte ein deutscher Antisemit am Feiertag Jom Kippur in die Synagoge eindringen und die Gläubigen töten. Polizei war nicht vor Ort, lediglich eine äußerst massive Holztür hinderte den Täter am Eindringen (siehe Frage 19). Das Geld für die Sicherungsmaßnahmen in Halle hatte das Bundesland Sachsen-Anhalt verweigert, man hatte es bei der Jewish Agency beantragen müssen.

Da wirksame Sicherheitsmaßnahmen teuer sind – vor allem die Beschäftigung von Wachpersonal verschlingt hohe Summen – und der Staat die Gemeinden nicht selten damit alleinlässt, sind bei weitem nicht alle Einrichtungen entsprechend gesichert. Abseits der größeren Zentren jüdischen Lebens wie München, Frankfurt am Main oder Berlin ist die Lage diffuser. Hinzu kommt, dass es immer wieder Probleme mit rechtsradikalem Personal bei privaten Sicherheitsfirmen gab und auch bei der Polizei bereits einschlägig belastete Personen mit Sicherheitsfragen jüdischer Einrichtungen betraut waren. Daher wird mancherorts israelisches Sicherheitspersonal beschäftigt. Der Anschlag in Halle hat vielerorts die Innenministerien und Polizeibehörden alarmiert und zu erhöhter Wachsamkeit sowie zu mehr Mittelbereitstellung geführt. Ob dies jedoch nur eine vorübergehende Erscheinung ist oder sich dauerhaft etwas geändert hat, wird sich erst noch erweisen müssen.

100. Was machen Gesellschaften für christlich-jüdische Zusammenarbeit? Wenige Jahre nach dem Krieg gründeten sich an mehreren Orten Gesellschaften für christlich-jüdische Zusammenarbeit, unter anderem 1948 in München und im Jahr darauf beispielsweise in Frankfurt am Main oder Berlin. In ihnen fanden sich Menschen aus den beiden großen christlichen Kirchen sowie aus den jüdischen Gemeinden zusammen. Man wollte nach dem Holocaust in einen Dialog miteinander treten und Grundlagen für eine neue Verständigung legen. Auf religiöser Basis wollten sie auf nichtjüdischer Seite selbstkritisch theologisch begründete Judenfeindschaft aufarbeiten und vor allem auch gegenseitige Vorurteile abbauen. Hinzu kamen dann ein Engagement für die Entfaltung jüdischen Lebens in Deutschland sowie Solidarität mit Israel. Große Bekanntheit erlangten die Gesellschaften vor allem durch die bundesweit ab 1952 jährlich im März organisierte «Woche der Brüderlichkeit» unter der Schirmherrschaft des Bundespräsidenten. Während dieser Woche findet bis heute eine Vielzahl verschiedener Veranstaltungen statt, die den Zielen der lokalen Gesellschaften dienen und ihrer Arbeit mehr Aufmerksamkeit verschaffen sollen. Dazu gehören seit vielen Jahren Vortragsveranstaltungen, Lesungen und Konzerte, die einer kritischen Beschäftigung mit der Geschichte des Antisemitismus und des Holocaust gewidmet sind, aber auch einem näheren Kennenlernen jüdischer Kultur und Religion dienen sollen und die vor allem auch Begegnungen zwischen Jüdinnen und Juden sowie Nichtjüdinnen und Nichtjuden möglich machen sollen.

Inzwischen gibt es über 80 regionale und lokale Gesellschaften für christlich-jüdische Zusammenarbeit, deren Aktivitäten einen Beitrag dazu leisten, Jüdinnen und Juden nicht nur als Opfer des Holocaust wahrzunehmen, die Vielfalt jüdischen Lebens in

Deutschland kennenzulernen und sich kritisch mit Antisemitismus in Geschichte und Gegenwart auseinanderzusetzen.

101. Wo findet man Hilfe? Hoffentlich zunächst und immer bei Freunden, Bekannten, Nachbarn, Lehrern, der Polizei und vielen mehr. Leider ist das aber längst nicht immer der Fall und manchmal braucht es besondere Anlaufstellen. Das Kompetenzzentrum Prävention und Empowerment beispielsweise ist spezialisiert auf die Arbeit mit Betroffenen von Antisemitismus. Neben dieser und ähnlichen Einrichtungen kann es bereits eine Hilfe sein, dass es eine Institution gibt, die abseits von Polizei und Justiz antisemitische Vorfälle dokumentiert und publik macht. Seit 2015 wurden dafür entsprechende Stellen geschaffen, angefangen mit der Recherche- und Informationsstelle Antisemitismus in Berlin (RIAS Berlin), der weitere Stellen in anderen Regionen gefolgt sind. Seit 2018 gibt es den Bundesverband RIAS.

Auch die 1998 gegründete Amadeu Antonio Stiftung in Berlin widmet sich der Aufklärungs- und Dokumentationsarbeit über Rassismus, Rechtsextremismus und Antisemitismus. Sie fördert Projekte und führt eigene durch, überdies klärt sie die Öffentlichkeit auf verschiedenen Wegen wie Social Media, Plakataktionen, Online- und Printpublikationen und anderes mehr auf. Sie berät auch über Handlungsmöglichkeiten gegen Antisemitismus.

Antisemitismus manifestiert sich massiv im Internet auf Social-Media-Plattformen wie Twitter und Facebook sowie in allen möglichen Onlineforen und Kommentarbereichen. Die Hassrede, oft auch als Hatespeech bezeichnet, und die Verbreitung von Lügen bzw. Fake News gehören dabei zu den häufigsten Mitteln. Auch hier gibt es Beratungs- und Anlaufstellen, die Betroffenen helfen und es gegebenenfalls auch übernehmen, juristische Schritte einzuleiten. Die Amadeu Antonio Stiftung informiert in verschiedenen situationsbezogenen Flyern ausführlich über Handlungsmöglichkeiten. Online kann man Fälle von Hatespeech u. a. bei der Meldestelle «REspect!» der Jugendstiftung Baden-Württemberg im Demokratiezentrum melden (https://meldestelle-respect.de/).

Dort prüft man die Fälle und fordert die Plattformbetreiber gegebenenfalls zur Löschung der entsprechenden Äußerungen auf; besteht der Verdacht auf Volksverhetzung, werden die Fälle angezeigt.

Weiterführende und benutzte Literatur (Auswahl)

Aly, Götz: Warum die Deutschen? Warum die Juden? Gleichheit, Neid und Rassenhass. Frankfurt am Main 2011.

Aly, Götz: Europa gegen die Juden 1880–1945. Frankfurt am Main 2017.

Amadeu Antonio Stiftung: Zivilgesellschaftliches Lagebild Antisemitismus. Deutschland. Berlin jährlich.

Antisemitismus in Deutschland. Erscheinungsformen, Bedingungen, Präventionsansätze. Bericht des unabhängigen Expertenkreises Antisemitismus. Berlin 2011. Online unter: https://www.bmi.bund.de/SharedDocs/downloads/DE/publikationen/themen/heimat-integration/expertenkreis-antisemitismus/antisemitismus-in-deutschland-bericht.html (6.1.2023).

Antisemitismus in Deutschland – aktuelle Entwicklungen. Zweiter Bericht des unabhängigen Expertenkreises Antisemitismus. Berlin 2018. Online unter: https://www.bmi.bund.de/SharedDocs/downloads/DE/publikationen/themen/heimat-integration/expertenkreis-antisemitismus/expertenbericht-antisemitismus-in-deutschland.html (6.1.2023).

Baddiel, David: Und die Juden? München 2021.

Bajohr, Frank: «Unser Hotel ist judenfrei». Bäder-Antisemitismus im 19. und 20. Jahrhundert. Frankfurt am Main 2003.

Benz, Wolfgang (Hg.): Streitfall Antisemitismus. Anspruch auf Deutungsmacht und politische Interessen. Berlin 2020.

Benz, Wolfgang: Was ist Antisemitismus? München 2005.

Benz, Wolfgang: Die Protokolle der Weisen von Zion. München [4]2019.

Benz, Wolfgang (Hg.): Handbuch des Antisemitismus. Judenfeindschaft in Geschichte und Gegenwart. 8 Bände. München 2008–2015.

Bergmann, Werner: Geschichte des Antisemitismus. 6., überarbeitete Auflage. München 2020.

Bergmann, Werner und Ulrich Wyrwa: Antisemitismus in Zentraleuropa. Deutschland, Österreich und die Schweiz vom 18. Jahrhundert bis zur Gegenwart. Darmstadt 2011.

Brumlik, Micha: Antisemitismus. Ditzingen 2020.

Bundesverband der Recherche- und Informationsstellen Antisemitismus: Antisemitische Vorfälle in Deutschland. Erscheint jährlich. Online unter: https://report-antisemitism.de/annuals (6.1.2023).

Cazés, Laura (Hg.): Sicher sind wir nicht geblieben. Jüdischsein in Deutschland. Frankfurt am Main 2022.

Coffey, Judith und Vivien Laumann: Gojnormativität. Warum wir anders über Antisemitismus sprechen müssen. Berlin 2021.
Czollek, Max: Desintegriert Euch! München ²2020.
Czollek, Max: Gegenwartsbewältigung. München 2020.
European Union Agency for Fundamental Rights: Antisemitism. Overview of Antisemitic Incidents Recorded in the European Union. 2011–2021. Luxembourg 2022. Online unter: https://fra.europa.eu/en/publication/2022/antisemitism-overview-2011-2021 (6.1.2023).
Gruberová, Eva und Helmut Zeller: Diagnose: Judenhass. Die Wiederkehr einer deutschen Krankheit. München 2021.
Havemann, Eliyah und Marina Weisband: Frag uns doch! Eine Jüdin und ein Jude erzählen aus ihrem Leben. Frankfurt am Main 2021.
Hayes, Peter: Warum? Eine Geschichte des Holocaust. Frankfurt am Main 2017.
Holz, Klaus: Nationaler Antisemitismus. Wissenssoziologie einer Weltanschauung. Hamburg 2010.
Holz, Klaus: Die Gegenwart des Antisemitismus. Islamistische, demokratische und antizionistische Judenfeindschaft. Hamburg 2005.
Holz, Klaus und Thomas Haury: Antisemitismus gegen Israel. Hamburg 2021.
Jensen, Uffa: Ein antisemitischer Doppelmord. Die vergessene Geschichte des Rechtsterrorismus in der Bundesrepublik. Berlin 2022.
Laqueur, Walter: Gesichter des Antisemitismus. Von den Anfängen bis heute. Berlin 2008.
Leder, Stella (Hg.): Über jeden Verdacht erhaben? Antisemitismus in Kunst und Kultur. Berlin/Leipzig 2021.
Lipstadt, Deborah: Antisemitismus heute. Wie Hass und Vorurteile global erstarken. München 2019.
Longerich, Peter: Antisemitismus. Eine deutsche Geschichte. Von der Aufklärung bis heute. München 2021.
Mendel, Meron und Astrid Messerschmidt (Hg.): Fragiler Konsens. Antisemitismuskritische Bildung in der Migrationsgesellschaft. Bonn 2018.
Mendel, Meron, Saba-Nur Cheema und Sina Arnold (Hg.): Frenemies. Antisemitismus, Rassismus und ihre Kritiker*innen. Berlin 2022.
Mendel, Meron: Über Israel reden. Eine deutsche Debatte. Köln 2023.
Meyer zu Uptrup, Wolfram: Kampf gegen die «jüdische Weltverschwörung». Propaganda und Antisemitismus der Nationalsozialisten 1919–1945. Berlin 2003.
Nirenberg, David: Anti-Judaismus. Eine andere Geschichte des westlichen Denkens. München ²2017.
Nocun, Katharina und Pia Lamberty: Fake facts: Wie Verschwörungstheorien unser Denken bestimmen. Köln 2020.

Nocun, Katharina und Pia Lamberty: True facts: Was gegen Verschwörungserzählungen wirklich hilft. Köln 2021.

Nonn, Christoph: Eine Stadt sucht einen Mörder. Gerücht, Gewalt und Antisemitismus im Kaiserreich. Göttingen 2002.

Nonn, Christoph: Antisemitismus. Darmstadt 2008.

Poliakov, Leon: Geschichte des Antisemitismus. 8 Bände. Worms/Frankfurt am Main 1977–1988.

Rensmann, Lars: Die Mobilisierung des Ressentiments. Zur Analyse des Antisemitismus in der AFD. In: Heller, Ayline, Oliver Decker und Elmar Brähler (Hg.): Prekärer Zusammenhalt. Die Bedrohung des demokratischen Miteinanders in Deutschland. Gießen 2020. S. 309–342. Online unter: https://ajcgermany.org/system/files/document/AJC_AfD-Broschuere_final_digital.pdf (18.1.2023).

Salzborn, Samuel: Globaler Antisemitismus. Eine Spurensuche in den Abgründen der Moderne. 2., überarbeitete und ergänzte Auflage. Weinheim/Basel 2020.

Schäfer, Peter: Kurze Geschichte des Antisemitismus. München 2020.

SPIEGEL Geschichte, Heft 2/2021: Antisemitismus. Was der uralte Hass mit Verschwörungsmythen zu tun hat.

Steinke, Ronen: Terror gegen Juden. Wie antisemitische Gewalt erstarkt und der Staat versagt. Eine Anklage. Berlin/München 2020.

Steinke, Ronen: Antisemitismus in der Sprache. Warum es auf die Wortwahl ankommt. Berlin 2020.

Tarach, Tilman: Teuflische Allmacht. Über die verleugneten christlichen Wurzeln des modernen Antisemitismus. Berlin/Freiburg 2022.

Topçu, Özlem und Richard C. Schneider: Wie hättet ihr uns denn gerne? Ein Briefwechsel zur deutschen Realität. München 2022.

Trepp, Gunda: Gebrauchsanweisung gegen Antisemitismus. Lernen. Wissen. Handeln. Darmstadt 2022.

Ufferfilge, Levi Israel: Nicht ohne meine Kippa! Mein Alltag in Deutschland zwischen Klischees und Antisemitismus. Stuttgart 2021.

Veidlinger, Jeffrey: Mitten im zivilisierten Europa. Die Pogrome von 1918 bis 1921 und die Vorgeschichte des Holocaust. München 2022.

Walser Smith, Helmut: Die Geschichte des Schlachters. Mord und Antisemitismus in einer deutschen Kleinstadt. Göttingen 2002.

Was soll an meiner Nase bitte jüdisch sein? Thomas Meyer über den Antisemitismus im Alltag. Zürich 2021.

Weiss, Bari: Wie man Antisemitismus bekämpft. Eine Streitschrift gegen Geschichtsvergessenheit, Selbstgefälligkeit und Konfliktscheu. Berlin 2022.

Yilmaz, Burak: Ehrensache. Kämpfen gegen Judenhass. Berlin 2021.

Die 101 wichtigsten Fragen

Markus Roth
Die 101 wichtigsten Fragen – Holocaust
2021. 144 Seiten. Broschiert
Beck Paperback Band 7050

Wolfgang Benz
Die 101 wichtigsten Fragen – Das Dritte Reich
4. Auflage. 2023. 144 Seiten. Broschiert
Beck Paperback Band 7007

Gerd Krumeich
Die 101 wichtigsten Fragen – Der Erste Weltkrieg
4. Auflage. 155 Seiten mit 7 Abbildungen und 3 Karten. Broschiert
Beck Paperback Band 7042

Jörg Echternkamp
Die 101 wichtigsten Fragen – Der Zweite Weltkrieg
2010. 155 Seiten mit einer Karte. Paperback
Beck'sche Reihe Band 7022

Johann Hinrich Claussen
Die 101 wichtigsten Fragen – Christentum
4., durchgesehene Auflage. 2016. 150 Seiten mit
12 Abbildungen. Broschiert
Beck Paperback Band 7004

Ursula Spuler-Stegemann
Die 101 wichtigsten Fragen – Islam
5., aktualisierte Auflage. 2019. 160 Seiten mit
zahlreichen Ornamenten. Broschiert
Beck Paperback Band 7005

Verlag C.H.Beck

Die 101 wichtigsten Fragen

Susan Arndt
Die 101 wichtigsten Fragen – Rassismus
4. Auflage. 2020. 160 Seiten. Broschiert
Beck Paperback Band 7036

Hans van Ess
Die 101 wichtigsten Fragen – China
3., aktualisierte und erweiterte Auflage. 2020. 176 Seiten
mit 8 Abbildungen und 1 Karte. Broschiert
Beck Paperback Band 7012

Florian Coulmas, Judith Stalpers
Die 101 wichtigsten Fragen – Japan
2., aktualisierte und erweiterte Auflage. 2014. 160 Seiten
mit 5 Abbildungen. Broschiert
Beck Paperback Band 7032

Asfa-Wossen Asserate
Die 101 wichtigsten Fragen und Antworten – Afrika
2., überarbeitete, aktualisierte und mit einem
Nachwort versehene Auflage. 2018.
191 Seiten mit 10 Abbildungen, 2 Karten und Vignetten. Gebunden
Beck Paperback Band 7023

Claudia Märtl
Die 101 wichtigsten Fragen – Mittelalter
5. Auflage. 2023. 159 Seiten mit 20 Abbildungen. Broschiert
Beck Paperback Band 7002

Stefan Rebenich
Die 101 wichtigsten Fragen – Antike
3., aktualisierte Auflage. 2021. 160 Seiten mit 12 Abbildungen
und 2 Karten. Broschiert
Beck Paperback Band 7009